Vert.x로 하는
실시간 웹 애플리케이션 개발

Vert.x로 하는
실시간 웹 애플리케이션 개발

강력한 비동기 서버 프레임워크 버텍스 2.0

테로 파비아이넨 지음 | 허태명 · 신정안 옮김

BIRMINGHAM - MUMBAI - SEOUL

지은이 소개

테로 파비아이넨 Tero Parviainen

12년 동안 자바, 루비, 자바스크립트, 클로저 언어를 이용해 웹 애플리케이션 소프트웨어를 개발했다. 대규모 기업용 백엔드 시스템에서 일반 고객용 모바일 애플리케이션까지 다양한 환경에서 일한 경험이 있다.

현재 회사에 소속되지 않은 독립 소프트웨어 개발자로 주로 소프트웨어 개발 계약과 고객을 위한 교육에 중점을 두고 일하고 있다. 그에 대한 정보는 트위터와 깃허브GitHub에서 @teropa로 찾을 수 있다.

동료인 디베오Deveo와 에피코드Eficode에게 집필 과정 동안 지원해준 것에 대한 감사의 말을 전하고 싶다.

또한, 이 책의 검토자인 마르코 크레미티Marko Klemetti, 미코 닐렌Mikko Nylén, 프레드릭 샌델Fredrik Sandell에게도 감사의 말을 전한다. 그들의 피드백과 아이디어가 책의 내용과 흐름을 개선하는 데 굉장히 많은 도움을 주었다.

마지막으로 집필 과정 동안 나를 도와준 팩트 출판사의 엑타 파텔Ekta Patel, 아메야 스완트Ameya Sawant, 조엘 고베야Joel Goveya, 샤바리 토드Sharvari Tawde에게 감사의 말을 전한다.

기술 감수자 소개

마르코 크레미티 Marko Klemetti

세 아이의 아버지이며 리더이자 개발자다. 현재 에피코드(Eficode, http://www.eficode.com)에서 피니시 데브옵스 유닛Finnish Devops Unit의 리더로 있다. 그의 팀과 함께 피니시Finish와 다국적기구가 소프트웨어를 만들고 구매하는 방법을 개선했다. 또한, 트레일Trail의 설립자이며, 아키텍트로 활동하고 있다. 트레일은 공연 예술 분야에서 국제적으로 성공한 소셜 자산 관리 솔루션을 만든 회사다.

지속적인 배포CD, Continuous Delivery와 인수 테스트 주도 개발agile Test Driven Development과 같은 현대 소프트웨어 개발 관련 사례와 툴을 적용함으로써 대형 소프트웨어 운영 환경을 좀 더 효과적으로 관리하는 데 관심이 있는 전문가다. 20년간 소프트웨어를 개발한 경력이 있으며, 경영진이자 프로세스 개선에 있어 개발자로서 두 가지 업무를 모두 소화하고 있다. 프로그래밍에 있어 재미와 생산성 두 가지 모두를 찾으려는 열정을 가진 사람이다.

미코 닐렌 Mikko Nylen

핀란드에 있는 유명 회사에서 JVM, Node.js, 루비를 사용해 대용량 웹 애플리케이션과 서비스를 수년간 개발해온 열정적인 소프트웨어 개발자다.

프레드릭 샌델 Fredrik Sandell

찰머스 공과대학의 전산학 박사 과정에 있는 26세 소프트웨어 개발자다. 소프트웨어 개발을 좋아하며, 특히 JVM과 웹 개발에 관심이 많다. 10년 넘게 독자적으로 전문적인 소프트웨어를 개발해오고 있으며, 스웨덴에서 가장 큰 통신 회사에서 개발 프로젝트에 참여한 적 있다.

옮긴이 소개

허태명 tmheo74@gmail.com

평생 코딩하며 사는 것을 꿈꾸는 개발자다. 현재 삼성전자에서 서버 개발 업무를 하고 있다. 그 동안 주로 웹 서비스와 서버 개발 업무를 했지만 풀 스택 개발자Fullstack Developer가 되기를 꿈꾸며, 개발 관련한 모든 분야에 관심을 가지고 꾸준히 공부하고 있다. 최근에는 프론트엔드, 백엔드 모두에서 각광받는 자바스크립트 공부에 매진하고 있다.

신정안 ssshow16@gmail.com

현재 NexR에서 오픈소스 프로젝트인 RHive를 개발하고 있다. 아파치 머하웃 Apache Mahout, 아파치 지라프Apache Giraph 같은 빅데이터 관련 오픈소스 프로젝트에 관심이 많으며, 데이터 엔지니어링을 위한 여러 가지 데이터 분석 기법 및 기술 학습에 끊임없이 매진 중이다.

옮긴이의 말

버텍스는 요즘 가장 관심을 받고 있는 Node.js와 같은 이벤트 기반의 비동기 서버 프레임워크다. 이벤트 기반의 비동기 서버 프레임워크라는 점은 Node.js 와 비슷하지만, 버텍스는 싱글 스레드로 동작하는 Node.js와 달리 멀티 스레드로 동작한다. 그리고 자바, 자바스크립트, 루비, 스칼라 등 다양한 언어를 지원하며, 자바 기반이기 때문에 기존의 풍부한 자바 라이브러리를 그대로 활용할 수 있다는 장점이 있다.

지금까지 서버를 만들 때는 멀티 스레드 기반의 서버를 만드는 것이 필수였다. 그리고 멀티 스레드 환경에서 서버를 만드는 것은 자원 공유, 락 관리 등 일반 애플리케이션을 만들 때와는 달리 고려해야 할 부분이 많고, 별다른 문제없이 잘 동작하게 만드는 것은 어려운 일이었다. 그러나 버텍스는 이벤트 기반으로 서버 프로그래밍을 가능하게 하여 그동안 서버 개발 시 개발자를 골치 아프게 했던 문제를 근본적으로 없앰으로써 마치 싱글 스레드에서 동작하는 프로그램처럼 작성해도 강력한 성능의 서버를 구축할 수 있게 해준다.

또한, 모듈 시스템을 제공해 공통 기능을 모듈로 만들어서 쉽게 재사용이 가능하며 공개된 모듈 저장소에서 다른 사람이 이미 만들어 놓은 다양한 모듈을 필요에 따라 사용할 수 있다. 그리고 간단한 설정만으로 서버 클러스터링을 손쉽게 할 수 있으며, 실시간 웹 애플리케이션에 많이 사용되는 웹 소켓을 지원해 서버 푸시 애플리케이션을 간단히 만들 수 있다.

이 책은 이러한 버텍스의 다양한 기능을 활용해 실시간 웹 애플리케이션을 처음부터 끝까지 구축하는 과정을 통해 버텍스의 강력한 서버 프로그래밍을 맛볼 수 있게 해준다. 독자 여러분도 이 책을 통해 서버 프로그래밍의 새로운 세

계를 열어주는 버텍스의 매력에 빠지길 바란다.

끝으로 이 책이 나오기까지 많은 도움을 주신 에이콘 김희정 부사장님, 권보라 님께 감사 인사를 드린다. 이 책이 나올 수 있도록 결정적 역할을 해준 동료 현수명 님께도 감사의 말씀을 전한다. 그리고 주말에 번역하느라 그동안 가정에 충실하지 못했음에도 오히려 물심양면으로 지원해준 사랑하는 가족에게 진심으로 감사하며 사랑한다고 이야기하고 싶다.

허태명, 신정안

목차

1장 버텍스 시작   23

2장 버텍스 웹 애플리케이션 개발   35

들어가며

실시간으로 반응하는 웹의 시대가 다가와 있다. 1990년대에 처음 출현한 링크와 정적 페이지로 이루어진 웹 애플리케이션에서 시작해 약 7년 전 Ajax 혁명을 거쳐 매우 동적인 최신의 웹 애플리케이션에 이르기까지 먼 길을 걸어왔다.

오늘날의 웹 애플리케이션은 살아 있다. 페이스북, 지메일, 기업 재정/재무 대시보드, 채팅 서비스, 주식 시세 서비스는 우리가 원하는 때에 원하는 정보를 제공해준다. 새로운 웹 표준과 점점 더 빨라지는 고속 네트워크에서 스마트폰 및 스마트 TV에 이르는 새롭고 다양한 기기들로 인해 이러한 것이 가능해졌다.

이와 같은 새로운 종류의 애플리케이션을 만들려면 새로운 기술이 필요하다. 페이지 기반의 대다수 웹 프레임워크는 실시간 웹 애플리케이션의 기능을 제공하기에 부족한데, 버텍스는 이 부분을 공략해 근본부터 철저히 확장성 있는 실시간 웹 애플리케이션을 만들 수 있도록 설계됐다.

이 책은 여러분에게 버텍스로 실시간 웹 애플리케이션을 만드는 법을 보여준다. 처음 "Hello, World"부터 시작하여 인터넷에서 돌아가는 완벽한 기능을 갖춘 애플리케이션을 만드는 것까지 설명한다.

이 책에서는 실시간 마인드 맵 에디터를 예제 애플리케이션으로 삼아 기능을 하나씩 만들어 본다. 마인드 맵은 아이디어나 정보를, 연결된 트리 구조로 보여주는 유명한 방법이다.

이 책에서는 사용자가 이와 같은 마인드 맵을 만들 수 있는 에디터를 구축할 것이며, 사용자가 협업할 수 있게 할 것이다. 웹 브라우저를 통해 다수의 사용자가 같은 마인드 맵을 동시에 수정할 수 있으며, 다른 사람이 변경한 내용을 실시간으로 볼 수도 있다.

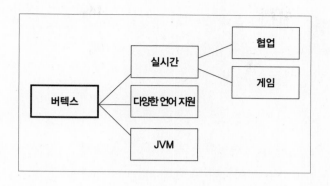

버텍스를 선택할 수밖에 없는 이유

실시간 웹 애플리케이션을 개발하기 위해 사용할 수 있는 기술은 다양하다. Node.js, 미티어Meteor, 루비의 이벤트 머신EventMachine, 자바 EE 7부터 지원하는 웹소켓WebSocket 등 애플리케이션 개발자가 선택할 수 있는 기술들이 많지만, 버텍스는 우리가 선택할 수밖에 없는 매우 매력적인 기능들을 제공한다.

단순함

버텍스의 디자인은 매우 일관성 있고 단순해서, 애플리케이션 개발자는 복잡함에 얽매이지 않고 원하는 시스템을 구축할 수 있다. 버텍스 애플리케이션은 버티클Verticle이라 불리는 느슨하게 연결된Loosely Coupled 하나 이상의 컴포넌트로 만들어지며, 이러한 애플리케이션은 병렬적으로 실행된다. 그러나 애플리케이션 개발자는 병렬 프로그래밍 시 고려해야 하는 어려움에 대해 고민할 필요가 전혀 없다. 대신 마치 싱글 스레드 프로그램인 것처럼 코드를 작성하고, 시스템의 다른 부분과 비동기적으로 통신하기만 하면 된다. 이러한 관점에서 버텍스는 Akka(http://akka.io)와 같은 액터actor 기반 시스템과 비슷하다. 하지만,

버텍스는 액터 기반 시스템과 몇 가지 주요한 차이가 있고, 그 차이점에 대해서는 이 책을 읽는 동안 명확하게 알 수 있을 것이다.

다양한 언어를 지원하는 폴리글랏 플랫폼

버텍스는 다양한 언어를 지원하는 폴리글랏Polyglot 애플리케이션 플랫폼이다. 이것은 버텍스가 특정한 하나의 프로그래밍 언어로만 만들 수 있는 게 아니라 여러 가지 언어를 지원하는 것을 뜻한다. 현재 버텍스는 자바스크립트, 자바, 루비, 파이썬, 커피스크립트, 그루비 언어를 지원한다. 현재 이 책을 쓰는 시점에서 클로저와 스칼라 언어도 지원하려는 노력이 진행되고 있다.

이는 독자의 프로그래밍 배경 지식이 무엇이든 상관없다는 의미로, 어떤 언어를 사용하든지 버텍스 플랫폼을 편안하게 사용할 수 있을 것이다. 심지어 특정 문제 영역별로 가장 잘 맞는 언어를 선택하기 위해 하나의 애플리케이션에서 여러 가지 언어를 섞어서 쓰는 것도 가능하다.

자바 플랫폼

버텍스는 자바 가상 머신JVM에서 실행된다. 이 말은 오랜 시간 동안 고성능이고, 안정적이며, 강력한 플랫폼으로 발전해온 JVM의 수많은 기술적인 혜택을 여러분이 만든 애플리케이션에 그대로 활용할 수 있다는 의미다. 또한, 자바 진영에서 만들어진 방대한 양의 라이브러리와 프레임워크도 사용할 수 있다.

범용성

버텍스는 웹 프레임워크가 아니다. 엄밀히 말하면 어떤 종류의 확장성 있는 네트워크 애플리케이션이라도 구축할 수 있게 해주는 플랫폼이다. 이런 면에서 버텍스는 Node.js와 비슷하다. 버텍스를 사용해 웹 애플리케이션뿐만 아니라 비트토렌트_{BitTorrent} 클라이언트부터 전자상거래 시스템까지 어떠한 종류의 애플리케이션도 만들 수 있다.

그러나 이 책에서는 실시간 웹 애플리케이션을 만드는 데 집중할 것이다. 애플리케이션을 만들어가면서 버텍스가 전형적인 웹 프레임워크가 아니라 다양한 목적에 적합한 플랫폼이라는 것을 알게 될 것이다. 이 책을 다 읽고 나면, 버텍스를 사용해 원하는 어떤 애플리케이션도 만들 수 있게 될 것이다.

이 책에서 다루는 내용

1장, 버텍스 시작은 버텍스 2.0 플랫폼의 설치와 설치에 필요한 필수 사항을 알려준다. 그리고 "Hello, World"를 웹에서 출력하는 최초의 버텍스 애플리케이션을 작성해본다.

2장, 버텍스 웹 애플리케이션 개발은 서버와 브라우저 컴포넌트를 비롯해 제대로 된 기능을 갖춘 버텍스 웹 애플리케이션 개발을 다룬다. 이 장에서 전형적인 버텍스 애플리케이션의 아키텍처에 친숙해지게 될 것이다.

3장, 데이터베이스 연동은 몽고 DB를 사용해 데이터를 저장하는 기능을 추가함으로써 2장에서 만든 웹 애플리케이션을 확장할 것이다. MongoDB Persistor라는 오픈소스 버텍스 모듈을 사용해 몽고DB 데이터를 처리해본다.

4장, 실시간 통신에서는 지금까지 배운 모든 것을 이용해 실시간 통신 기능을 만들어본다. 실시간으로 변경 사항이 반영되고 다수의 사용자가 협업 가능하며 브라우저 기반인 마인드 맵 에디터를 개발할 것이다.

5장, 다양한 언어 지원과 모듈 개발은 자바 언어로 마인드 맵을 PNG 이미지로 저장하는 모듈을 작성함으로써 재사용 가능하고 배포 가능한 모듈을 개발하는 과정을 살펴보고, 버텍스의 다양한 언어 지원 기능을 맛본다.

6장, 버텍스 배포 및 확장은 리눅스 서버를 셋업해 지속적인 배포 방식으로 버텍스 애플리케이션을 인터넷상에 배포하는 법을 알아본다. 마지막으로 사용자와 데이터가 늘어남에 따라 이에 대처하기 위해 버텍스 애플리케이션을 확장하는 기본적인 방법도 살펴본다.

이 책을 위한 사전 준비

버텍스와 자바가 지원 가능한 운영체제가 설치된 컴퓨터가 필요하다. 어느 정도 최신 버전이라면 맥 OS X, 윈도우, 리눅스 모두 가능하다.

편하게 자바스크립트와 자바 코드를 작성할 수 있는 에디터나 IDE가 필요하다. 각자 선호하는 툴이 있겠지만 그렇지 않다면 운영체제에 기본적으로 설치된 텍스트 에디터도 사용할 수 있다. 좋은 코드 에디터를 찾는다면 서브라임 텍스트Sublime Text(http://www.sublimetext.com/)를 추천한다.

버텍스뿐만 아니라 자바, 몽고DB 같은 몇 가지 소프트웨어가 추가로 필요하다. 책을 진행하면서 다운로드 경로와 방법은 적절하게 설명할 예정이다.

이 책의 대상 독자

이 책은 실시간 웹 애플리케이션을 개발하고 싶어하고 자신의 스킬을 한 단계 업그레이드하기를 원하는 웹 개발자를 대상으로 한다. 이러한 과정을 따라오려면 웹 개발에 주로 사용되는 기술, 특히 자바스크립트(일부에서는 자바도 활용)와 HTML에 대한 실무 지식이 있어야 한다.

버텍스는 자바 가상 머신에서 돌아가기 때문에 자바에 익숙하다면 버텍스의 근본적인 구조를 이해하는 데 도움이 될 것이다. 또한, 약간의 자바 코드도 작성할 것이지만 자바 개발자일 필요는 없다. 버텍스는 루비, 파이썬을 비롯해 어떤 배경 지식을 가지고 있는 개발자라도 환영하며, 나 또한 그러기를 원한다.

이 책의 편집 규약

정보의 종류를 구분하기 위해 여러 가지 텍스트 스타일을 사용했다. 이러한 스타일의 예와 의미는 다음과 같다.

본문에서 코드 단어는 다음과 같이 표기한다.

"vertx 명령어는 다양한 기능을 가지고 있다. 그러나 주요한 기능은 버텍스 인스턴스를 실행하는 것으로 앞으로 많이 사용할 기능이다."

코드 블록은 다음과 같이 표시한다.

```
eventBus.registerHandler('mindMaps.list', function(args,
  responder) {
  responder({"mindMaps": Object.keys(mindMaps).map(function(key) {
    return mindMaps[key];
  })});
});
```

코드 블록에서 주의를 기울여야 하는 특정 부분은 진하게 표시했다.

```
var container = require("vertx/container");
container.deployModule("io.vertx~mod-web-server~2.0.0-final", {
port: 8080,
host: "localhost",
bridge: true,
inbound_permitted: [
{ address: 'mindMaps.list' },
{ address: 'mindMaps.save' },
{ address: 'mindMaps.delete' }
]
});
vertx.deployVerticle('mindmaps.js');
```

모든 커맨드라인 입력 또는 출력은 다음과 같이 썼다.

```
$ vertx run app.js
mindmaps.js deployed
```

컴퓨터 화면에서 나오는 단어들, 예를 들어 메뉴나 다이얼로그 박스에서 나오는 단어는 다음과 같이 고딕체로 표시한다.

크롬 브라우저에서 **View ❯ Developer ❯ JavaScript Console** 메뉴로 이동한다."

 경고나 중요한 노트는 박스 안에 이렇게 표시한다.

 팁과 트릭은 이렇게 표시한다.

독자 의견

독자 의견은 언제나 환영한다. 이 책에 대한 생각, 이 책의 좋은 점과 나쁜 점을 알려주기 바란다. 독자의 의견으로 더 유익한 책을 만들 수 있다. 일반적인 의견을 제시할 때는 이 책의 도서명을 메일 제목으로 삼아 feedback@packtpub.com으로 보내면 된다.

출판했으면 하는 책이나 구입하려는 책이 있다면, www.pactpub.com에 있는 SUGGEST A TITLE에 작성해서 보내거나 suggest@pactpub.com으로 이메일을 보내면 된다.

특정 분야의 책을 쓰거나 기여하려 한다면 www.packtpub.com/authors에 있는 저자 가이드를 참조하기 바란다.

고객 지원

팩트 출판사의 구매자가 된 독자에게 도움이 되는 몇 가지를 제공하고자 한다.

예제 코드 다운로드

http://www.PacktPub.com에 가입하면 예제 코드를 다운로드할 수 있다. 다른 곳에서 구매한 경우에는 http://www.PacktPub.com/support를 방문해 등록하면 파일을 이메일로 직접 받을 수 있다. 에이콘출판사의 도서정보 페이지인 http://www.acornpub.co.kr/book/vertx에서도 예제 코드를 다운로드할 수 있다.

오탈자 처리

내용을 정확하게 전달하려고 최선을 다했지만 실수가 있을 수 있다. 팩트 출판사의 책에서 코드나 글에 문제가 있다고 생각할 때 알려주면 정말 좋겠다. 이런 식으로 참여해주면 다른 독자에게도 도움이 되고, 책의 다음 판에서 보강할 수 있을 것이다. 오자를 발견한다면 http://www.packtpub.com/submit-errata를 방문해 이 책을 선택하면 나오는 정오표 제출 양식에 오류 정보를 기입해 알려주기 바란다. 보내준 내용을 확인한 뒤 웹사이트에 올리거나, 해당 서적의 정오표 부분에 추가하겠다. http://www.packtpub.com/support에서 해당 도서를 선택하면 지금까지의 정오표를 확인할 수 있다. 한국어판은 에이콘출판사 도서정보 페이지 http://www.acornpub.co.kr/book/vertx에서 찾아볼 수 있다.

저작권 침해

저작권 침해는 모든 인터넷 매체에서 벌어지고 있는 심각한 문제다. 팩트 출판사에서는 저작권과 라이선스 문제를 아주 심각하게 인식하고 있다. 어떤 형태로든 팩트 출판사 서적의 불법 복제물을 인터넷에서 발견했다면 적절한 조치를 취할 수 있게 해당 주소나 사이트 명을 즉시 알려주길 부탁한다. 의심되는 불법 복제물의 링크를 copyright@packtpub.com으로 보내주기 바란다.

저자와 더 좋은 책을 위한 팩트 출판사의 노력을 배려하는 마음에 깊은 감사의 뜻을 전한다.

질문

이 책에 관련된 질문이 있다면 questions@packtpub.com을 통해 문의하기 바란다. 최선을 다해 질문에 답해 드리겠다. 한국어판에 관한 질문은 이 책의 옮긴이나 에이콘출판사 편집팀(editor@acornpub.co.kr)으로 문의해주길 바란다.

1
버텍스 시작

페이지 기반 웹 애플리케이션을 구성하는 기존 웹 프레임워크들은 실시간 웹 서비스에 적합하지 않다. 버텍스Vert.x가 필요한 이유가 바로 여기에 있다. 버텍스는 처음부터 끝까지 확장 가능한 실시간 웹 애플리케이션을 구축하기 위해 설계되었다.

1장에서는 버텍스를 설치하고 커맨드라인에서 버텍스를 실행하기 위한 첫 번째 단계를 다룰 것이다.

여러분이 버텍스 개념에 익숙해지면, 정적 파일을 서비스하는 웹 서버를 버텍스를 사용해 구축해볼 것이다.

버텍스 설치

버텍스를 설치하려면, 우선 ZIP 파일을 내려받아 적절한 곳에 압축을 푼다. 버텍스 ZIP 파일은 디렉토리를 포함한 상태로 압축되어 있어 어느 경로에든 설치할 수 있다.

버텍스 실행 파일은 환경변수 PATH에 등록하기를 권장한다. 이를 통해 커맨드라인에서 쉽게 버텍스를 실행할 수 있다. 이러한 단계를 모두 마쳤다면, 다음 단계로 넘어가 보자.

자바 JDK 7 설치

버텍스는 자바로 작성되었다. 따라서 자바 JDK 7이 설치되어 있어야 한다. 7 이전 버전은 지원하지 않는다.

자바 버전 확인

자바가 설치되어 있는지 혹은 어떤 버전이 설치되어 있는지 모른다면, 커맨드라인에서 다음 명령어를 실행해 확인해보자.

```
java -version
```

실행 결과에서 버전이 1.7로 시작해야 한다. 그렇지 않다면, 버텍스를 실행하기 전에 1.7 버전 이상의 JDK를 설치해야 한다.

 윈도우에서는 자바가 설치되어 있더라도 명령행에서 실행되지 않을 수 있다. 이럴 경우, C:₩Program Files₩Java 디렉토리가 있는지 확인해본다. 하위 디렉토리에 jdk1.7.0으로 시작하는 디렉토리가 있다면, 버텍스를 실행할 수 있다.

자바 다운로드

여러분이 맥 OS X나 윈도우를 사용하고 있다면, 오라클 자바 SE 버전 7 또는 그 이후 버전을 설치하기 바란다. 오라클 웹 사이트(http://www.oracle.com)에서 다운로드할 수 있으며, JRE나 for Consumers 옵션이 아닌 Full JDK나 for Developers 옵션을 선택해야 한다. 웹 페이지와 인스톨러 설명에 따라 자바 설치를 한다.

리눅스 사용자라면, 패키지 매니저를 통해 OpenJDK 7 설치를 권장한다. 우분투Ubuntu와 데비안Debian에서 다음 명령어를 통해 openjdk-7-jdk를 설치할 수 있다.

```
apt-get install openjdk-7-jdk
```

대신 리눅스용 오라클 자바 SE를 설치하여 사용해도 상관없다.

버텍스 배포판 다운로드

버텍스는 자바로 개발되어 있어서 운영체제와 하드웨어 종류에 상관없이 같은 패키지를 사용한다. http://vertx.io 페이지에서 버텍스 최신 버전을 다운로드한다.

 26페이지에 나오는 2번 항목의 명령어를 보면, 버텍스 버전이 x.x.x로 표시되어 있다. 각자 다운로드한 버텍스 버전 번호로 바꿔 쓰기 바란다.

다음 단계는 운영체제os별로 처리 절차가 다르다. 우선 다운로드한 ZIP 파일을 풀고, PATH 환경변수에 버텍스를 설치한 경로의 bin 디렉토리를 추가한다. 이렇게 함으로써, 어떤 경로에서든 버텍스를 쉽게 실행할 수 있다.

OS X과 리눅스

여러분이 OS X의 홈브루_{Homebrew} 패키지 매니저를 사용하고 있다면, 이 패키지 매니저를 통해 버텍스를 설치할 수 있으며, 다음 단계는 넘어가도 상관없다.

다른 패키지 매니저를 사용하고 있다면, 버텍스 웹 사이트에서 패키지를 다운로드해 설치해도 상관없다.

1. 커맨드라인 셸을 실행한다(OS X와 우분투의 터미널 애플리케이션 실행). 버텍스를 설치할 디렉토리로 이동한다. 예를 들어, 다음과 같이 Home 디렉토리의 dev로 이동한다.

   ```
   $ cd ~/dev
   ```

2. 이전에 다운로드한 버텍스 배포판 패키지 ZIP 파일의 압축을 푼다. vert.x-x.x.x.final 폴더 하위에 압축이 풀릴 것이다. 이 경로가 버텍스가 실행될 경로다.

   ```
   $ unzip ~/Downloads/vertx-x.x.x.final.zip
   ```

3. 문서 편집기를 이용해 .bash_profile 파일을 연다.

   ```
   $ pico ~/.bash_profile
   ```

4. 다음과 같이 PATH 환경변수에 버텍스를 설치한 경로의 bin 디렉토리를 추가한다.

   ```
   export PATH=$PATH:$HOME/dev/vert.x-x.x.x.final/bin
   ```

5. 저장하고 편집기를 닫는다.

6. 다시 터미널을 열면 버텍스가 PATH 환경변수에 등록된 상태가 된다. 터미널을 다시 열지 않고 현재 터미널에서 바로 반영하기를 원하면, 다음 명령어를 실행하면 된다.

   ```
   $ source ~/.bash_profile
   ```

설치가 잘 되었는지 확인해보려면 '버텍스 실행' 절로 가서 설명을 따라해보자.

 예제 코드 다운로드

http://www.packtpub.com에서 여러분의 계정으로 구매한 모든 Packt 도서의 예제 코드를 다운로드할 수 있다. 이 도서를 다른 곳에서 구매했다면, http://www.packtpub.com/support를 방문하여 등록하면, 이메일을 통해 예제 코드를 다운로드할 수 있다. 에이콘 출판사 도서정보 페이지(http://www.acornpub.co.kr/book/vertx)에서도 다운로드할 수 있다.

윈도우

윈도우 7 또는 8 OS에서는 다음과 같이 버텍스를 설치한다.

1. 파일 탐색기(윈도우 8의 경우)나 윈도우 탐색기(윈도우 7의 경우)를 열고, 다운로드한 버텍스 ZIP 파일을 찾는다. 파일에서 마우스 오른쪽 버튼을 클릭하고, **압축풀기** 메뉴를 선택한다.

2. 버텍스를 설치할 폴더를 선택한다(예, Home 디렉토리의 dev 폴더). 디렉토리 선택 후 **압축풀기** 버튼을 클릭한다.

3. 제어판을 열고, **시스템 및 보안 > 시스템 > 고급 시스템 설정 > 환경변수**를 선택한다.

4. 시스템 변수 리스트에서 **Path 환경변수**를 찾아 선택한다. 그리고 **편집** 버튼을 클릭한다.

5. Path 변수 값 마지막 부분에 세미콜론 뒤에 버텍스를 설치한 경로의 bin 폴더를 추가한다.

   ```
   ;C:\Users\YourUsername\dev\vert.x-x.x.x.final\bin
   ```

6. 사용자 변수나 시스템 변수에 JAVA_HOME 환경변수가 등록되어 있지 않다면, **JAVA_HOME**도 추가를 한다. 이 환경변수를 통해 버텍스는 자바를 찾

게 될 것이다.

○ 시스템 변수 리스트에 NEW(새로 만들기) 버튼을 클릭한다. 이름은 JAVA_
HOME, 값은 자바 JDK 설치 폴더 경로로 지정한다(예: C:\Program Files\Java\
jdk1.7.0_10).

정상적으로 설치되었는지는 '버텍스 실행' 절의 내용에 따라 확인해본다.

버텍스 실행

버텍스가 정상적으로 설치되었는지 확인해보자. 우선 터미널(OS X/리눅스) 또는
명령어 프롬프트(윈도우)를 실행하고, 다음 명령어를 실행해보자.

```
vertx version
```

버텍스 버전이 출력되어야 한다. 버전을 확인할 수 있다면, 성공적으로 버텍스
가 설치된 것이다.

vertx 명령어는 여러 가지 용도로 사용된다. 주로 버텍스 인스턴스를 실행하기 위해 사용되며, 그 밖에도 많은 기능을 제공한다.

 버텍스 인스턴스는 버텍스 애플리케이션이 구동하는 컨테이너다. 단일 자바가상머신(JVM, Java Virtual machine)상에서 구동되며, JVM은 버텍스 런타임과 런타임의 스레드 풀, 클래스로더, 기타 인프라 등을 제공한다.

vertx 명령어가 제공하는 다른 기능을 확인하길 원한다면, 인자 값 없이 vertx를 실행해보자. 각 기능에 대한 설명이 출력되는 것을 확인할 수 있을 것이다.

임베디드 버텍스

vertx 명령어 사용 없이, 기존에 있는 자바 (또는 다른 JVM 언어) 애플리케이션에서 버텍스 인스턴스를 임베디드시켜 실행할 수 있다. 이미 자바 애플리케이션이 있는 상태에서, 이 애플리케이션과 버텍스 프레임워크를 통합해야 하는 경우에 유용하다.

버텍스를 임베디드하기 위해서, 애플리케이션 클래스패스에 버텍스 JAR 파일을 추가해야 한다. 버텍스 설치 디렉토리에 있는 JAR 파일을 사용하거나, 메이븐 의존성으로 버텍스 JAR 파일을 설정하면 된다. 버텍스 JAR 파일을 추가했다면, 프로그래밍을 통해 버텍스 인스턴스를 실행할 수 있다.

이 책에서는 임베디드 버텍스에 대해 다루지 않는다. 임베디드 버텍스에 대해 좀 더 알고 싶다면 http://vertx.io 사이트의 버텍스 문서 중 '버텍스 플랫폼 임베디드(Embedding the Vert.x Platform)' 부분을 보기 바란다.

첫 번째 버티클 작성하기: Hello world

버텍스를 설치하고, 실행되는지 확인했다면, 첫 번째 버텍스 애플리케이션을 만들어보자. 이 애플리케이션은 "Hello world"를 출력하는 단일 버티클verticle 로 구성할 것이다.

 버티클은 애플리케이션을 구성하는 하나의 컴포넌트로 생각하면 된다. 일반적으로 컴포넌트는 몇 줄의 코드로 되어 있는 파일로 구성되어 있으며, 특정 기능을 수행하는 단위다. 버티클은 자바의 패키지나 C#의 네임스페이스와 유사하다. 버티클은 시스템의 각 부분을 구성하는 데 사용된다. 그러나 버티클은 패키지나 네임스페이스와는 달리 병렬로 실행될 때, 흥미로운 특성을 갖고 있는 런타임 구조다. '2장, 버텍스 웹 애플리케이션 개발'에서 이 부분을 다룰 것이다.

버티클은 버텍스가 지원하는 여러 언어로 구현 가능하다(자바스크립트, 커피스크립트, 자바, 루비, 파이썬, 그루비).

hello.js 파일을 생성한다(어떤 경로든 상관없다). 편집기로 파일을 열고 다음 코드를 추가한다.

```
var console = require("vertx/console");
console.log("Hello world");
```

위 코드만으로도 첫 번째 애플리케이션을 만들기에 충분하다.

버텍스 인스턴스를 실행하고, hello.js를 버티클로써 실행해보자.

vertx run hello.js

메시지가 출력되어야 한다. 다른 어떤 것도 하지 않았지만, 명시적으로 버텍스 인스턴스를 중지하기 전까지 계속 실행되어 있을 것이다. 정상적으로 실행되었다면, Ctrl + C 키를 사용해 버텍스 인스턴스를 중지한다.

정리하자면 지금까지 다음 작업을 했다.

- 버텍스 콘솔 라이브러리를 로딩하고 로그 메시지를 화면에 출력하는 코드를 작성했다.
- `vertx` 명령어를 사용하여 버텍스 인스턴스를 실행했다.
- 버텍스 인스턴스에, 작성한 코드를 버티클로 배포했다.

 자바스크립트 버티클에서, require 함수를 사용해 버텍스 프레임워크나 다른 자바스크립트 파일로부터 코드를 로딩할 것이다. require 함수는 CommonJS 모듈/1.1 표준에 정의되어 있으며, 버텍스가 이 함수를 구현하고 있다. 다음 위키 페이지에서 상세한 내용을 확인할 수 있다. http://wiki.commonjs.org/wiki/Modules/1.1.

지금까지 버텍스 애플리케이션을 작성하고 실행하는 기본적인 방법을 살펴봤다. 이제 좀 더 유용한 내용을 다뤄보자.

웹 서버

이 책에서 만들 버텍스 애플리케이션은 웹 서버가 필요하다. 웹 서버는 HTML, CSS와 자바스크립트 파일을 웹 브라우저로 제공한다.

버텍스는 HTTP 네트워크와 파일시스템 접근과 같은 웹 서버 설정에 필요한 모든 구성 요소를 포함하고 있지만, HTTP 프로토콜을 통해 어디서나 손쉽게 파일을 제공하는 좀 더 상위 레벨의 공개 웹 서버 모듈이 있다.

버텍스 모듈은 버텍스 애플리케이션이나 재사용 가능한 단위 애플리케이션 기능을 패키지화하고 배포할 수 있는 솔루션이다.

각 모듈은 하나 이상의 버티클을 포함할 수 있으며, 애플리케이션은 다른 프로그래밍 언어로 작성된 모듈을 얼마든지 사용할 수 있다.

버텍스는 활발히 확장되고 있는 공개 모듈 레지스트리(http://modulereg.vertx.io/)를 갖고 있으며, 애플리케이션에서 사용할 수 있는 다양한 오픈소스 모듈을 이 레지스트리로부터 가져올 수 있다.

이런 공개 모듈뿐만 아니라, 작성한 애플리케이션 및 라이브러리를 모듈로 패키지화할 수 있다. '5장, 다양한 언어 지원과 모듈 개발'에서 이 부분에 대해 다룰 것이다.

우선, 이 책에서 구축할 애플리케이션을 위한 폴더를 생성한다. 폴더 이름은 mindmap으로 한다.

```
cd
mkdir mindmap
cd mindmap
```

이 폴더 안에 app.js 파일을 생성한다. 이 파일이 애플리케이션의 배포 버티클이 될 것이다. 애플리케이션에서 필요한 다른 버티클과 모듈을 배포하기 위해 이 배포 버티클을 사용할 것이다. 배포 버티클은 특별한 것이 아닌 단지 코드를 구성하는 방법의 하나다.

이제, mod-web-server 모듈을 배포해보자. 다음 코드에서 mod-web-server 모듈은 책을 쓸 시점에 최신 버전인 2.0.0-final을 사용할 것이다.

또는 버텍스 모듈 레지스트리에서 최신 버전을 찾아 사용할 수도 있다. app.js에 다음과 같은 코드를 추가하면 된다.

```
var container = require("vertx/container");
container.deployModule("io.vertx~mod-web-server~2.0.0-final", {
  port: 8080,
  host: "localhost"
});
```

이 코드를 살펴보자.

- 첫 번째 줄에서 다시 `require` 함수를 사용하고 있다. 이 함수를 통해 버텍스 컨테이너를 로딩한다. `require` 함수가 반환한 `container`는 현재 버티클이 구동 중인 런타임을 나타내며, 다른 버티클 또는 모듈을 배포하거나, 배포된 모듈을 삭제할 경우에 사용된다.

- 다음은 웹 서버 모듈을 배포하기 위해 컨테이너의 `deployModule` 함수를 호출했다. 그리고 이 함수에 2개 인자를 전달했다.

  - 배포할 모듈의 전체 이름과 버전

  - 배포할 모듈에서 사용할 구성정보 객체. 구성정보 객체는 접속할 서버의 호스트 이름과 포트로 구성된다.

이제 이 코드를 버티클로 실행할 수 있다.

```
vertx run app.js
```

새로운 모듈이 처음 배포되면, 버텍스는 자동으로 공개 모듈 레지스트리에서 모듈을 다운로드하고 설치한다. project 폴더에 mods 하위 폴더가 생긴 것을 볼 수 있다. 그리고 이 폴더 안에서 설치된 모듈을 확인할 수 있다(이 경우, 웹 서버 모듈이 설치되어 있을 것이다).

브라우저를 통해 http://localhost:8080/에 접속해보면, 404 Resource not found 에러 메시지가 나타날 것이다. 웹 서버는 구동 중이지만, 서비스할 것이 아무것도 없다는 것을 의미한다. 이제 조금 더 개선해보자.

project 폴더 안에 web 폴더를 생성하자. 기본적으로, 웹 서버 모듈은 이 web 폴더에서 브라우저에 제공할 정적 파일을 찾는다(이 폴더는 웹 서버 모듈의 구성정보 객체에서 지정할 수 있다).

```
mkdir web
```

다음 코드를 index.html 파일에 추가하고, web 폴더에 저장한다.

```
<!DOCTYPE html>
<html lang="en">
<head>
    <meta charset="utf-8">
</head>
<body>
    Hello!
</body>
</html>
```

브라우저에서 http://localhost:8080/에 접속해보면, Hello! 메시지를 볼 수 있다. 이제 버텍스상에서 웹 서버가 구동 중이다.

정리

1장에서 버텍스 설치, 웹 서버 설정, 웹 서버 구동을 해봄으로써 실시간 웹 애플리케이션 구축을 향한 첫 발을 내디뎠다.

1장에서는 다음과 같은 내용을 다루었다.

● 버텍스 다운로드 및 설치

● 버텍스 인스턴스 시작 및 커맨드라인에서 버티클 실행

● 기존 애플리케이션에 버텍스 임베디드

● 버텍스 모듈 설치 및 배포

● 버텍스 인스턴스, 버티클, 모듈에 대한 개념 정리

● 자바스크립트에서 버텍스 핵심 API 사용하기

● 웹 서버 구동하기

● 2장에서는 마인트 맵 애플리케이션에 첫 번째 기능을 추가해보면서 간단한 웹 서버를 구축해볼 것이다.

버텍스 웹 애플리케이션 개발

2

버텍스를 설치하고 설정한 후 본격적인 버텍스 개발을 시작해보자. 2장에서는 다음 내용을 다룬다.

- 버텍스와 제이쿼리jQuery 라이브러리를 사용해 마인드 맵을 추가하고 삭제하는 웹 애플리케이션 개발

- 버텍스의 중추 신경계인 이벤트 버스Event bus 익히기

- 클라이언트측 자바스크립트 코드를 서버측 버텍스 애플리케이션에 연동하기

마인드 맵 관리를 위한 새로운 버티클 추가

다음과 같은 마인드 맵 애플리케이션의 기본 기능을 구현해볼 것이다.

● 마인드 맵 목록 가져오기

● 마인드 맵 생성

● 마인드 맵 삭제

위의 기본 기능을 구현하면 간단한 CRUD 스타일의 웹 인터페이스가 만들어 질 것이다.

서버측 구현부터 시작해보자. 모든 버텍스 코드는 버티클로 구조화되고, 각 버티클은 특정 기능을 실행하는 단위가 된다. 위의 세 개의 기능은 각각 고유한 특정 기능이 될 수 있다. 이제 각 기능을 위한 새로운 버티클을 만들어 보자.

애플리케이션의 루트 디렉토리에서 mindmaps.js 파일을 생성한다. 지금은 버티클이 배포됐다는 것을 확인할 수 있도록 간단한 메시지를 콘솔에 출력한다.

```
var console = require('vertx/console');
console.log('mindmaps.js deployed');
```

1장에서 만든 배포용 버티클인 app.js에 다음 행을 추가해서 새로 만든 버티클을 배포한다.

```
var container = require('vertx/container');
container.deployModule('io.vertx~mod-web-server~2.0.0-final', {
  port: 8080,
  host: "localhost"
});
container.deployVerticle('mindmaps.js');
```

1장에서 deployModule 함수를 사용해서 공개 모듈 레지스트리로부터 웹 서버 모듈을 배포했다. 이번에는 deployVerticle 함수를 사용해서 로컬 파일을 버티클로 배포한다. deployVerticle 함수는 배포될 파일의 상대 경로를 인자로 받는다.

명령행에서 버텍스 인스턴스를 실행하면 mindmaps.js 버티클에서 출력하는 메시지를 볼 수 있다.

```
$ vertx run app.js
mindmaps.js deployed
```

 웹 서버나 다른 모듈 없이 mindmaps.js 버티클만 실행하고 싶다면 vertx run 명령어에 mindmaps.js를 직접 인자로 줘서 실행할 수 있다.

버티클은 독립적으로 배포했는지 더 큰 애플리케이션의 일부로 배포했는지 신경 쓰지 않는다. 사실 버티클은 애플리케이션에서 자신 외의 다른 코드가 실행되는지조차 모른다. 그래서 버티클 사이는 매우 느슨하게 연결된 구조를 가지며 모듈화된 설계를 할 수 있다.

서버측 마인드 맵 관리 구현

마인드 맵 버티클은 앞서 얘기했듯이 다음 세 가지 기능을 제공한다.

- 기존의 모든 마인드 맵 목록 가져오기
- 마인드 맵 저장
- 마인드 맵 삭제

대부분의 웹 프레임워크에서는 위의 기능을 제공하는 메소드를 갖는 컨트롤러나 서비스 객체를 작성한다. 버티클은 근본적으로 느슨하게 연결되어 있고 결코 서로 직접 호출하지 않는다. 버티클 간의 직접 호출은 버텍스 실행 환경에서는 사실 불가능하다. 대신 버티클은 버텍스의 이벤트 버스를 사용해 통신한다.

버티클 간의 모든 통신은 이벤트 버스를 통해 이루어진다. 이벤트 버스는 버텍스의 중추 신경계다.

버티클은 이벤트 버스의 주소에 이벤트를 발행해서 다른 버티클에게 메시지를 보내고, 이벤트 버스 주소에 이벤트를 받을 핸들러를 등록하여 다른 버티클이 보낸 메시지를 받는다. 이벤트를 발행할 때 버티클은 누가 받는지 모른다. 이벤트를 받을 때 누가 보낸 이벤트인지 모른다.

각 이벤트는 JSON 객체, 문자열, 숫자, 바이트 버퍼와 같은 연관된 데이터 페이로드를 가진다. JSON은 가장 권장하는 페이로드 타입이고, 이 책에서도 JSON 형식만을 사용한다.

이벤트 버스 패턴은 새로운 기술도 아니고 버텍스만의 고유한 기술도 아니다. PCI와 같은 하드웨어 버스부터 많은 객체 지향 시스템에서 사용하는 데이터 버스(http://c2.com/cgi/wiki?DataBusPattern), 대형 소프트웨어 시스템에서 사용하는 엔터프라이즈 서비스 버스(ESB)까지 시스템 컴포넌트 간의 연결 관계를 끊기 위해 오랫동안 사용해온 기술이다.

마인드 맵 관리 버티클은 이벤트 버스로부터 마인드 맵 관리 이벤트를 받는다. 누군가 이벤트를 보내면 버티클은 이벤트를 받아서 작업을 하고 결과를 이벤트 발송자에게 보낸다. 이런 종류의 모든 핸들러는 요청 응답 통신 패턴을 따른다.

 버텍스 이벤트 버스는 세 가지 기본적인 통신 패턴을 제공한다.

발행/구독: 이벤트가 발행되면 해당 주소에 등록된 모든 핸들러는 이 발행된 이벤트를 받는다.

일대일(Point-to-point): 이벤트가 발행될 때 여러 개의 핸들러가 주소에 등록됐더라도 하나의 핸들러만 이벤트를 받는다. 여러 개의 핸들러가 등록됐다면 이벤트는 라운드 로빈 방식으로 분배된다.

요청 응답(Request-Reply): 일대일 방식을 확장한 방식으로 발송자는 결과를 받을 응답 핸들러를 이벤트와 같이 보내고 수신자는 이벤트를 받아 처리한 후에 이 응답 핸들러에 결과를 보내서 발송자에게 응답을 보낸다.

세 개의 마인드 맵 기능은 다음 표와 같이 이벤트 버스 주소, 요청, 응답에 매핑된다. 주소 명명 체계는 다음 표와 같으며, 각 기능은 애플리케이션 이름으로 접두사를 붙여 같은 버텍스 인스턴스에서 실행되는 다른 코드와 주소가 충돌하지 않도록 한다.

주소	요청 데이터 페이로드	응답 데이터 페이로드
mindMaps.list	빈 JSON 객체	mindMaps란 키와 마인드 맵 객체 배열을 키의 값으로 가지고 있는 JSON 객체
mindMaps.save	저장할 마인드 맵 JSON 객체	저장된 마인드 맵 JSON 객체. 특히 이 객체에는 _id 속성이 할당된다.
mindMaps.delete	삭제할 마인드 맵의 아이디를 _id라는 이름의 키 값으로 가지고 있는 JSON 객체	빈 JSON 객체

이제 이 기능을 위한 코드를 추가해보자. 먼저 이벤트 버스 객체를 얻어야 한다. mindmaps.js 파일의 내용을 다음과 같이 변경한다.

```
var eventBus = require('vertx/event_bus');
var mindMaps = {};
```

1장에서 `vertx/console` 객체를 필요로 한 것처럼 먼저 CommonJS 모듈인 `vertx/event_bus` 객체가 필요하다. 이 객체는 버텍스 이벤트 버스에 접근할 수 있는 기능을 제공한다.

또한 마인드 맵을 저장할 `mindMaps`란 로컬 변수 객체를 초기화한다. 2장에서는 이 객체가 마인드 맵 데이터베이스 역할을 한다. 이 객체는 마인드 맵 객체와 이에 대응되는 마인드 맵 객체의 아이디를 단순히 매핑한 값을 가진다. '3장, 데이터베이스 연동'에서 이 가짜 데이터베이스를 진짜 데이터베이스로 바꾼다.

마인드 맵 목록 가져오기

마인드 맵 목록을 처리할 이벤트 버스 핸들러를 추가한다.

```
eventBus.registerHandler('mindMaps.list', function(args,
  responder) {
  responder({"mindMaps": Object.keys(mindMaps).map(function(key) {
    return mindMaps[key];
  })});
});
```

위의 코드는 이벤트 버스의 mindMaps.list 주소에 이벤트 핸들러를 등록한다. 이벤트 핸들러는 일반 자바스크립트 함수로 두 개의 인자를 받는다.

- **이벤트 인자**: 마인드 맵 목록의 경우 핸들러는 이 인자를 무시한다(마인드 맵 목록은 어떤 인자도 필요로 하지 않기 때문이다.). 호출자는 인자 값으로 보통 빈 객체를 넘긴다.

- **응답 함수**: 핸들러는 이벤트에 대한 응답으로 이 함수를 호출한다. 이벤트 버스는 응답 함수를 이벤트 전송자에게 되돌려준다.

핸들러는 mindMaps란 키와 마인드 맵 배열을 키의 값으로 가지고 있는 JSON 객체를 생성한다. mindMaps 객체의 키를 순회하면서 각 키에 연관된 값을 가져와 마인드 맵 배열을 생성한다. 핸들러는 JSON 객체를 인자로 하는 응답 함수를 호출한다. 그러면 이 호출은 마인드 맵 객체를 발송자에게 돌려준다.

마인드 맵 저장

마인드 맵을 저장하는 두 번째 핸들러는 코드가 좀 더 많다.

```
eventBus.registerHandler('mindMaps.save', function(mindMap,
  responder) {
  if (!mindMap._id) {
    mindMap._id = Math.random();
  }
```

```
mindMaps[mindMap._id] = mindMap;
responder(mindMap);
});
```

이 핸들러 함수는 두 개의 인자를 받는다. 첫 번째 인자는 생성할 마인드 맵 객체이고, 두 번째 인자는 이전과 마찬가지로 응답 함수다.

핸들러는 마인드 맵의 _id 속성에 할당된 값이 없다면 아이디 값을 할당하고, 마인드 맵 객체에 할당한다. 그리고 변경된 마인드 맵 객체를 발송자에게 응답으로 보낸다.

지금은 아이디로 임의의 숫자를 할당한다. '3장, 데이터베이스 연동'에서 진짜 아이디로 바꾼다.

마인드 맵 삭제

마지막으로 삭제 핸들러를 추가한다.

```
eventBus.registerHandler('mindMaps.delete', function(args,
  responder) {
  delete mindMaps[args.id];
  responder({});
});
```

이 핸들러는 _id 키를 갖고 있는 객체와 응답 함수를 인자로 받는다.

핸들러는 자바스크립트 delete 연산자를 써서 마인드 맵을 삭제한다.

그리고 빈 객체를 인자로 responder 함수를 호출한다. 그렇게 함으로써 발송자는 삭제됐다는 걸 알 수 있다.

전체 코드

세 개의 마인드 맵 관리 기능을 추가한 후 전체 코드는 다음과 같다.

```
var eventBus = require('vertx/event_bus');
var mindMaps = {};
eventBus.registerHandler('mindMaps.list', function(args,
  responder) {
  responder({"mindMaps": Object.keys(mindMaps).map(function(key) {
    return mindMaps[key];
  })});
});
eventBus.registerHandler('mindMaps.save', function(mindMap,
  responder) {
  if (!mindMap._id) {
    mindMap._id = Math.random();
  }
  mindMaps[mindMap._id] = mindMap;
  responder(mindMap);
});
eventBus.registerHandler('mindMaps.delete', function(args,
  responder) {
  delete mindMaps[args.id];
  responder({});
});
```

아직 사용자 인터페이스는 없지만, 이상이 없는지 확인하길 원한다면 버텍스를 재시작해서 코드가 정상적으로 배포되는지 확인해보자(에러 메시지가 없어야 한다).

이벤트 버스와 클라이언트 연결

mindmaps.js가 버티클로 배포되면 같은 버텍스 인스턴스에 있는 다른 버티클이 사용할 수 있는 세 개의 이벤트 버스 핸들러가 생긴다.

웹 애플리케이션을 작성하고 있기 때문에 정말로 하고 싶은 것은 웹 브라우저에서 배포된 핸들러에 접근하는 것이다. 버텍스는 브라우저에 이벤트 버스 브릿지Event bus bridge를 제공해 브라우저가 핸들러에 접근할 수 있게 한다. 이벤트 버스 브릿지는 버텍스 인스턴스에 연결된 브라우저가 이벤트 버스를 사용할 수 있게 하는 이벤트 버스의 확장 기능이다.

브릿지는 HTML5 웹소켓WebSocket 기반으로 실시간 양방향 클라이언트 서버 통신 기능을 제공하는 SockJS 라이브러리로 만들어졌다. SockJS는 또한 웹소켓을 지원하지 않는 구 버전의 브라우저에서도 동작하는 대체 메커니즘을 가지고 있다. 이 책에서 SockJS를 직접 사용하지는 않지만 더 자세히 알기를 원하면 SockJS 서버, 클라이언트에 대한 버텍스 문서와 SockJS 웹 사이트 http://sockjs.org를 살펴보기 바란다.

 이벤트 버스 브릿지가 브라우저 애플리케이션이 버텍스 애플리케이션에 접속할 수 있는 유일한 수단은 아니다. 이벤트 버스 브릿지 없이 일반적인 REST 방식의 HTTP 인터페이스를 제공하는 애플리케이션을 만들 수 있다. 버텍스는 HTTP(S) API를 구현하고 요청을 라우팅하는 API 풀 세트를 제공하고, API는 버텍스 레퍼런스 문서에 잘 정리되어 있다.

이벤트 버스 브릿지를 사용하는 이유는 애플리케이션의 실시간 측면 때문이다. 웹소켓은 웹에서 실시간 애플리케이션을 위한 이상적인 전송 기술이고 버텍스 이벤트 버스 브릿지는 웹소켓 기반 위에 강력한 아키텍처 패턴을 제공한다. 더 자세한 내용은 '4장, 실시간 통신'에서 설명할 것이다.

이벤트 버스 브릿지를 활성화하기 위해 서버측과 클라이언트측 양쪽 모두 설정해야 한다.

서버

버텍스는 서버측 이벤트 버스에 접속할 수 있는 SockJS 서버를 장착하고 있다. 앞에서 배포한 웹 서버 모듈은 이러한 기능을 제공하지만 기본적으로 비활성화되어 있다.

웹 서버 배포 모듈의 설정 객체를 몇 가지 수정한다.

● 이벤트 버스 브릿지 활성화

● 웹 브라우저 클라이언트에서 송수신을 허용할 메시지 정의

 기본적으로 이벤트 버스 브릿지는 서버와 브라우저 클라이언트 사이의 어떤 메시지도 송수신을 허용하지 않는다. 노출하고 싶은 이벤트 화이트리스트(whitelist)[1] 목록을 명시적으로 정의해야 한다. 이러한 화이트리스트 정책을 쓰는 이유는 버텍스 인스턴스 내부에서만 접근 가능한 이벤트 핸들러를 실수로 외부에 노출하고 싶지 않기 때문이다.

배포 버티클(app.js) 파일을 열고 브릿지 설정을 추가한다.

```
var container = require("vertx/container");
container.deployModule("io.vertx~mod-web-server~2.0.0-final", {
  port: 8080,
  host: "localhost",
  bridge: true,
  inbound_permitted: [
    { address: 'mindMaps.list' },
    { address: 'mindMaps.save' },
    { address: 'mindMaps.delete' }
  ]
});
vertx.deployVerticle('mindmaps.js');
```

먼저 bridge 설정 항목을 true로 설정해 웹 서버에게 이벤트 버스 브릿지를

---

1 화이트리스트 : 모든 이벤트를 막고, 허용할 이벤트만 나열하는 방식. 블랙리스트 : 모든 이벤트를 허용하고, 허용 불가한 이벤트만 나열하는 방식 – 옮긴이

활성화해야 한다는 것을 알려준다.

다음에 브릿지를 통해 버텍스 인스턴스로 넘길 수 있는 이벤트 목록을 설정한다.

inbound_permitted 항목의 값은 허용할 이벤트 목록을 갖는 배열이다. 각 항목은 mindmaps.js 소스 코드의 registerHandler 함수 호출에서 사용할 주소를 갖는다.

http://vertx.io/core_manual_js.html#sockjs-eventbus-bridge 사이트에 브릿지에 대한 문서가 있으며, 웹 서버 모듈의 브릿지 설정은 https://github.com/vert-x/mod-web-server에서 확인할 수 있다.

클라이언트

클라이언트에서는 다음의 자바스크립트 라이브러리를 사용한다.

- SockJS 클라이언트 라이브러리
- 클라이언트측 이벤트 버스 연동

위의 라이브러리를 사용하는 자바스크립트 코드를 작성한다. web/index.html 파일을 열어서 body 태그 마지막에 스크립트 태그를 추가한다.

```
<!DOCTYPE html>
<html>
<body>
  Hello!
  <script src="//cdnjs.cloudflare.com/ajax/libs/sockjsclient/
    0.3.4/sockjs.min.js"></script>
  <script src="//cdnjs.cloudflare.com/ajax/libs/vertx/2.0.0/
    vertxbus.min.js"></script>
  <script src="/client.js"></script>
</body>
</html>
```

먼저 두 개의 필수 자바스크립트 라이브러리를 추가하고 곧 작성할 client.js 파일도 추가한다.

 이 책에서 사용하는 서드파티 라이브러리는 클라우드플레어(CloudFlare)란 자바스크립트 콘텐츠 분산 네트워크(CDNJS)에서 로드한다. 라이브러리의 최신 버전은 http://cdnjs. com에서 볼 수 있다.

자바스크립트를 호스팅하는 외부 서비스를 사용하기 원하지 않으면 web 서브 디렉토리에 파일을 복사해서 직접 사용할 수 있다.

SockJS 클라이언트 파일은 http://sockjs.org에 있다.

이벤트 버스 브릿지 파일은 '1장, 버텍스 시작'에서 설치한 버텍스 배포본의 client 서브 디렉토리에 있다.

이제 web/client.js 파일을 생성하고 이벤트 버스에 접속하는 다음 코드를 추가한다.

```
var eb = new vertx.EventBus(window.location.protocol + '//' +
  window.location.hostname + ':' +
  window.location.port + '/eventbus');
eb.onopen = function() {
  console.log("Event bus connected");
};
```

먼저 vertx.EventBus(vertx.js 라이브러리가 제공하는) 객체를 생성했다. 생성자는 서버측 이벤트 버스 브릿지의 URL을 인자로 받는다. 웹 서버 모듈은 웹 서버가 실행 중인 같은 호스트와 포트의 /eventbus 경로에 브릿지를 배포한다.

이벤트를 송수신하기 전에 이벤트 버스에 연결될 때까지 기다린다. 그러기 위해 eb.onopen 프로퍼티에 함수를 추가했다. 이벤트 버스 연결이 맺어질 때 이 함수가 호출된다.

마지막으로 로그 메시지를 출력한다. 브라우저의 자바스크립트 콘솔에 이 메시지가 출력되는지 확인한다. 출력되지 않으면 브라우저의 네트워크 탭과 버텍스를 실행한 터미널 창에 에러 메시지가 있는지 확인한다.

서버측 코드를 변경한 후 내용을 반영하기 위해서는 버텍스 인스턴스를 종료한 후 재시작해야 한다.

브릿지 테스트

아직 사용자 인터페이스가 없지만 브라우저의 자바스크립트 콘솔을 사용해서 브릿지를 테스트할 수 있다

 크롬에서는 보기 ▶ 개발자 ▶ 자바스크립트 콘솔 메뉴로 간다.

파이어폭스에서는 도구 ▶ 웹 개발자 ▶ 웹 콘솔 메뉴로 간다.

콘솔에서 `mindMaps.save` 이벤트를 보내서 마인드 맵 생성을 테스트해본다.

```
eb.send('mindMaps.save', {name: 'Testing from console'},
  function(result) {
  console.log(result);
});
```

`_id` 속성이 추가된 마인드 맵이 생성돼서 콘솔에 출력돼야 한다.

다음과 같이 입력해서 `mindMaps.list` 이벤트를 보낼 수 있다.

```
eb.send('mindMaps.list', {}, function(result) {
  console.log(result);
});
```

응답이 도착하면 콘솔에 출력할 것이다. 응답은 방금 생성한 마인드 맵 객체를 가지고 있는 배열이어야 한다.

```
✕  Elements  Resources  Network  Sources  Timeline  Profiles  Audits  | Console |
>  eb.send('mindMaps.save', {name: 'Testing from console'}, function(result) {
     console.log(result);
   });
   undefined
   Object {name: "Testing from console", _id: 0.2315074292012702}
>  eb.send('mindMaps.list', {}, function(result) {
     console.log(result);
   });
   undefined
▼  Object {mindMaps: Array[1]} ⓘ
  ▼  mindMaps: Array[1]
    ▼  0: Object
         _id: 0.2315074292012702
         name: "Testing from console"
      ▶  __proto__: Object
         length: 1
    ▶  __proto__: Array[0]
  ▶  __proto__: Object
>  |
```

 이벤트 버스는 브라우저에서 지원한다면 HTML5 웹소켓을 전송 메커니즘으로 사용한다.
구 버전의 IE를 제외한 대부분의 브라우저는 웹소켓을 지원한다. 웹소켓에 어떤 데이터가
오고 가는지 보고 싶다면 구글 크롬 개발자 툴로 보는 게 유용하다.

크롬에서 보기 ▸ 개발자 ▸ 개발자 툴 ▸ 네트워크 메뉴로 이동하고 페이지를 새로고침한다.
왼쪽의 요청 목록에서 이벤트 버스 연결(/eventbus로 시작하는 요청)을 찾아 선택한다. 마
지막으로 프레임 탭을 선택하면 이벤트 버스 브릿지에서 전송되는 모든 데이터를 볼 수
있다.

사용자 인터페이스 추가

모든 이벤트 핸들러 설정을 마쳤고 클라이언트 역시 연결됐다. 퍼즐의 마지막
조각은 마인드 맵 목록, 생성, 삭제를 위한 사용자 인터페이스다.

제이쿼리는 대부분의 웹 개발자에게 친숙하고 마인드 맵 애플리케이션에 필요
로 하는 기능을 잘 제공하기 때문에 UI에는 제이쿼리 자바스크립트 라이브러
리를 사용한다.

버텍스의 이벤트 버스 브릿지를 사용하기 위해 제이쿼리가 필수 요구사항은 아니다. 그리고 이벤트 버스 브릿지를 다른 자바스크립트 라이브러리나 프레임워크와 연동하는 것은 어렵지 않다.

먼저 제이쿼리 라이브러리를 web/index.html에 추가한다.

```html
<!DOCTYPE html>
<html lang="en">
<head>
  <meta charset="utf-8">
</head>
<body>
  Hello!
  <script src="//cdnjs.cloudflare.com/ajax/libs/sockjsclient/
    0.3.4/sockjs.min.js"></script>
  <script src="//cdnjs.cloudflare.com/ajax/libs/vertx/2.0.0/
    vertxbus.min.js"></script>
  <script src="//cdnjs.cloudflare.com/ajax/libs/jquery/2.0.3/
    jquery.min.js"></script>
  <script src="/client.js"></script>
</body>
</html>
```

마인드 맵 목록 가져오기

이제 사용자 인터페이스를 구현하자. 애플리케이션에서 처음으로 할 것은 서버로부터 기존의 마인드 맵 목록을 가져오는 것이다.

```javascript
var eb = new vertx.EventBus(window.location.protocol + '//' +
  window.location.hostname + ':' +
  window.location.port + '/eventbus');
eb.onopen = function() {
```

```
  eb.send('mindMaps.list', {}, function(res) {
    console.log(res);
  });
};
```

eb.onopen 콜백 함수에 필요한 모든 것을 설정했다. 이제 애플리케이션이 시작할 때 이벤트 버스에 연결됐다는 것을 알 수 있다.

이벤트 버스에 mindMaps.list 이벤트를 보낸다. 빈 객체와 응답 핸들러 함수를 인자로 보낸다. 응답 핸들러는 콘솔에 결과를 출력한다.

이벤트 버스 브릿지는 서버에 이벤트를 보내고, 서버의 이벤트 버스는 mindmaps.js 코드에 정의된 핸들러로 이 이벤트를 라우팅한다. 서버측 핸들러가 결과와 함께 응답 함수를 호출할 때, 위에서 정의한 콜백 함수로 되돌아온다. 이 모든 과정은 투명하게 처리돼서 직렬화, 라우팅, 전송 구현의 상세한 부분에 대해 신경 쓸 필요가 없다.

페이지를 새로 고침하면 브라우저 자바스크립트 콘솔에서 에러 없이 마인드맵 배열을 볼 수 있어야 한다.

이제 페이지에 결과를 보여주자. HTML 마크업에 마인드 맵 목록이 나올 태그를 추가한다. web/index.html에 빈 <ul> 태그를 추가한다.

```html
<!DOCTYPE html>
<html lang="en">
<head>
  <meta charset="utf-8">
</head>
<body>
  <ul class="mind-maps">
  </ul>
  <script src="//cdnjs.cloudflare.com/ajax/libs/sockjs-client/
    0.3.4/sockjs.min.js"></script>
  <script src="//cdnjs.cloudflare.com/ajax/libs/vertx/2.0.0/
    vertxbus.min.js"></script>
  <script src="//cdnjs.cloudflare.com/ajax/libs/
```

```
    jquery/2.0.3/jquery.min.js"></script>
  <script src="/client.js"></script>
</body>
</html>
```

페이지에 CSS 클래스명이 mind-maps인 정렬되지 않은 목록 태그가 추가됐다. 자바스크립트 코드에서 <ul> 태그를 가져오는데, 이 CSS 클래스명을 사용할 수 있다.

web/client.js 자바스크립트 파일에 다음의 하이라이트된 코드를 추가한다.

```
var eb = new vertx.EventBus(window.location.protocol + '//' +
  window.location.hostname + ':' +
  window.location.port + '/eventbus');
eb.onopen = function() {
  var renderListItem = function(mindMap) {
    var li = $('<li>');
    $('<span>').text(mindMap.name).appendTo(li);
    li.appendTo('.mind-maps');
  };
  eb.send('mindMaps.list', {}, function(res) {
    $.each(res.mindMaps, function() {
      renderListItem(this);
    });
  })
};
```

새로 추가한 renderListItem 함수는 제이쿼리를 사용해서 목록 아이템 <li> 태그를 생성한다. 그리고 마인드 맵의 이름을 가지고 있는 <span> 태그를 생성해서 목록 아이템 <li> 태그에 추가한다. 마지막으로 CSS 클래스명이 mind-maps인 목록 태그에 목록 아이템을 추가한다.

변경된 이벤트 버스 응답 핸들러는 리턴된 마인드 맵 배열을 순회하면서 위의 함수를 호출한다.

이제 각 마인드 맵 이름이 표시된 마인드 맵 목록을 볼 수 있다.

페이지를 새로고침하면 '브릿지 테스트' 절에서 추가한 테스트 마인드 맵을 가지고 있는 목록을 볼 수 있다(버텍스를 재시작했다면 빈 목록이 나온다). 다음 절로 넘어가 좀 더 많은 결과를 확인해보자.

마인드 맵 생성

마인드 맵 목록을 보여주는 것만으로는 아직 부족하다. 마인드 맵을 생성하는 것이 필요하다.

먼저 web/index.html에 HTML 마크업을 추가한다.

```
<!DOCTYPE html>
<html lang="en">
<head>
  <meta charset="utf-8">
</head>
<body>
  <ul class="mind-maps">
  </ul>
  <h2>Create a Mind Map</h2>
  <form class="create-form">
    <input type="text" name="name">
    <input type="submit" value="Create">
  </form>
  <script src="//cdnjs.cloudflare.com/ajax/libs/sockjs-client/
    0.3.4/sockjs.min.js"></script>
  <script src="//cdnjs.cloudflare.com/ajax/libs/vertx/2.0.0/
    vertxbus.min.js"></script>
  <script src="//cdnjs.cloudflare.com/ajax/libs/jquery/2.0.3/
    jquery.min.js"></script>
  <script src="/client.js"></script>
</body>
</html>
```

create-form이라는 CSS 클래스명을 가지고 있는 <form> 태그를 추가했다.

폼에는 텍스트 입력 필드와 폼 전송 버튼이 있다.

다음에 web/client.js 파일에 새롭게 추가된 폼의 전송 핸들러를 추가한다.

```javascript
var eb = new vertx.EventBus(window.location.protocol + '//' +
  window.location.hostname + ':' +
  window.location.port + '/eventbus');
eb.onopen = function() {
  var renderListItem = function(mindMap) {
    var li = $('<li>');
    $('<span>').text(mindMap.name).appendTo(li);
    li.appendTo('.mind-maps');
  };
  $('.create-form').submit(function() {
    var nameInput = $('[name=name]', this);
    eb.send('mindMaps.save', {name: nameInput.val()}, function(result)
{
      renderListItem(result);
      nameInput.val('');
    });
    return false;
  });
  eb.send('mindMaps.list', {}, function(res) {
    $.each(res.mindMaps, function() {
      renderListItem(this);
    })
  })
};
```

핸들러 함수는 폼의 name 입력 값을 nameInput 로컬 변수로 할당한다. 그리고 JSON 객체를 인자로 이벤트 버스의 mindMaps.save 주소로 메시지를 보낸다. 이 객체는 nameInput 변수에서 가져온 마인드 맵의 이름을 가지고 있다.

이벤트 버스에서 응답이 오면 앞 절에서 사용한 함수를 호출하여 새로운 마인드 맵을 보여준다. 그리고 nameInput 변수의 값을 지워서 새로운 마인드 맵을 추가할 수 있게 한다.

마지막으로 핸들러 함수는 false를 리턴해서 제이쿼리가 이벤트 전송의 전파를 멈추게 한다.

페이지를 새로고침하면 폼을 사용해서 마인드 맵을 생성할 수 있고, 폼을 전송하면 목록에 새롭게 나타난다.

마인드 맵 삭제

마지막 기능은 마인드 맵을 삭제하는 것이다.

마인드 맵 목록에 각 마인드 맵 옆에 **삭제** 버튼을 추가한다. 버튼이 클릭되면 마인드 맵을 삭제하라고 서버에 알려준다.

web/client.js에 다음의 하이라이트된 코드를 추가해서 삭제 기능을 구현한다.

```
var eb = new vertx.EventBus(window.location.protocol + '//' +
  window.location.hostname + ':' +
  window.location.port + '/eventbus');
eb.onopen = function() {
  var renderListItem = function(mindMap) {
    var li = $('<li>');
    var deleteMindMap = function() {
      eb.send('mindMaps.delete', {id: mindMap._id}, function() {
        li.remove();
      });
      return false;
    };
    $('<span>').text(mindMap.name).appendTo(li);
    $('<button>').text('Delete').on('click',
      deleteMindMap).appendTo(li);
    li.appendTo('.mind-maps');
  };
  $('.create-form').submit(function() {
    var nameInput = $('[name=name]', this);
    eb.send('mindMaps.save', {name: nameInput.val()},
      function(result) {
```

```
      renderListItem(result);
      nameInput.val('');
    });
    return false;
  });
  eb.send('mindMaps.list', {}, function(res) {
    $.each(res.mindMaps, function() {
      renderListItem(this);
    })
  })
};
```

renderListItem 함수의 로컬 변수로 deleteMindMap 함수를 새롭게 추가했다. 이 함수는 마인드 맵의 _id 값을 인자로 mindMaps.delete 이벤트를 서버로 보낸다. 응답 콜백 함수는 마인드 맵의 목록 아이템을 삭제해서 페이지에서 보이지 않도록 한다.

각 마인드 맵의 이름 옆에 <button> 태그를 추가한다. 버튼의 클릭 이벤트에 deleteMindMap 함수를 호출하도록 연결한다.

이제 서버측 이벤트 핸들러와 클라이언트측 사용자 인터페이스를 버텍스 이벤트 버스와 이벤트 버스 브릿지에 연결해서 마인드 맵의 목록, 생성, 삭제 기능을 전부 구현했다!

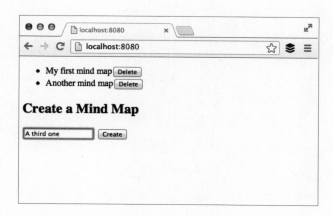

버티클과 병렬 실행

버텍스의 병렬 실행에 대해 좀 더 살펴보고, 2장을 마무리하자. 지금까지 배포용 버티클과 mindmaps.js 버티클, 두 개의 버티클을 배포했다. 책의 나머지 부분에서 더 많은 버티클을 추가할 것이다. 버텍스가 버티클을 어떻게 관리하는지 이해하는 것이 중요하다.

버텍스는 근본적으로 병렬 실행을 염두에 두고 만들어졌다. 한편으로는 버텍스는 병렬 코드를 실행하고, 다른 한편으로 애플리케이션 개발자에게 병렬 프로그래밍의 복잡한 부분을 숨기고 있다. 이러한 것은 단순하고 안전한 버티클 프로그래밍 모델을 제공하기 때문에 가능하다.

버텍스 인스턴스를 실행할 때 스레드 풀을 설정한다. 스레드 풀의 크기는 머신의 CPU 코어 수에 따라 조정된다. 버티클이 코드를 실행할 때 스레드 풀에서 가져온 스레드 내에서 실행한다.

스레드 풀의 스레드에서 실행되는 버티클에 대해 버텍스는 병렬 실행 관점에서 매우 중요한 두 가지를 보장한다.

1. 버티클에는 자신만의 별도의 클래스로더가 할당된다. 그래서 정적 자바 변수로 선언했거나 전역 상태 공유를 허용하는 다른 프로그래밍 메커니즘이라 하더라도 버티클이 다른 버티클의 상태에 접근하는 것이 불가능하다.

2. 버티클 인스턴스는 항상 동일 스레드(하지만, 그 스레드는 다른 시점에 다른 버티클을 실행할 수 있다)에서 실행된다. 그렇게 함으로써 버티클의 상태 동기화 처리를 할 필요가 없다. 기본적으로 마치 싱글 스레드 프로그램인 것처럼 버티클을 작성한다.

버텍스 코드의 대부분은 비동기 방식으로 작성했고, 이벤트 루프 스레드는 처리할 이벤트가 나타나기를 기다린다. 이벤트가 도착하면 이벤트 루프 스레드는 버티클의 코드를 실행하고 다음 이벤트를 기다린다. 예를 들어 mindmaps. js 버티클은 이벤트 버스에서 이벤트를 기다리고 이벤트가 발생하면 핸들러 함수 중의 하나를 실행한다. 이벤트 버스에서 이러한 사용 패턴을 봤고, 버텍스의 다른 곳에도 마찬가지로 적용된다. 파일시스템이나 네트워크 연산을 호출할 때 연산이 실행됐다는 응답 이벤트를 기다린다.

이러한 것은 리액터 패턴(http://en.wikipedia.org/wiki/Reactor_pattern)을 구현한 것으로 Node.js나 루비의 이벤트 머신도 같은 패턴을 구현했다. 하나의 버텍스 버티클은 싱글 스레드의 비동기 이벤트 루프에서 실행되기 때문에 Node.js 애플리케이션과 비슷하다. 그러나 버텍스 인스턴스는 병렬로 여러 개의 이벤트 루프를 실행해서 여러 개의 버티클을 동시에 실행할 수 있기 때문에 다중 리액터 패턴을 구현한다.

쿼드 코어 머신에서 버텍스 애플리케이션이 어떻게 실행되는지 다음 그림을 보자. 각 코어는 하나의 이벤트 루프 스레드(이벤트 루프 1-4)를 실행한다. 애플리케이션은 여덟 개 버티클(버티클 A-H)을 실행한다. 버티클은 언제나 같은 이벤트 루프에서 실행된다(버티클 A는 결코 이벤트 루프 1에서 벗어나지 않는다). 그러나 싱글 이벤트 루프는 다른 시점에 다른 버티클을 실행할 수 있다(이벤트 루프 1은 버티클 A-C를 실행한다).

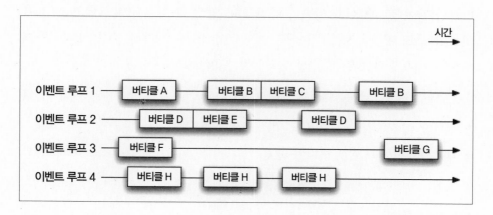

스레드 풀은 CPU 코어 수에 따라 결정되기 때문에 이벤트 루프에서 CPU 중심의 연산, 블로킹 IO 또는 실행 시간이 오래 걸리는 작업을 실행하는 것은 좋

지 않다. 이러한 종류의 작업은 워커 버티클에서 실행해야 한다. 워커 버티클은 메인 스레드 풀 밖에서 실행되는 버티클로 자신만의 병렬 실행 특성을 가진다. '5장, 다양한 언어 지원과 모듈 개발'에서 워커 버티클에 대해 다룬다.

또한, 하나의 버티클을 여러 개의 버텍스 인스턴스에 배포하는 것도 가능하다. 그럴 경우 여러 개의 핸들러가 같은 작업을 병렬로 실행한다. '6장, 버텍스 배포 및 확장'에서 이에 대해 살펴본다.

정리

2장에서 매우 많은 분야를 다뤘다. 단순하지만 완전히 동작하는 버텍스 웹 애플리케이션을 작성했다.

분산 이벤트 버스 패턴을 써서 웹 애플리케이션 기능을 구현하는 것은 전통적인 HTTP의 RESTful 호출로 애플리케이션을 구현하는 것과 많이 다르다. 서버와 클라이언트 양쪽 다 정확히 같은 방식으로 이벤트 버스 통신을 하므로 서버와 클라이언트 사이의 경계가 사라졌다. 양쪽 다 이벤트를 보내고 받을 수 있다. 버텍스 애플리케이션은 싱글 이벤트 버스를 바탕으로 모든 서버와 브라우저가 서로 통신할 수 있는 상호 연결된 시스템으로 생각할 수 있다.

2장에서는 다음 내용을 다뤘다.

- 버텍스 이벤트 버스와 이벤트 버스 브릿지에 대한 개념

- 프로그래밍 방식으로 버티클 배포

- 이벤트 버스에 이벤트 핸들러 등록

- 이벤트 버스에 요청 응답 패턴 사용

- 버텍스 웹 서버 모듈에서 이벤트 버스 브릿지 활성화와 화이트리스트 방식으로 이벤트 버스 브릿지에 이벤트 노출

- 브릿지로 연결된 웹 브라우저에서 이벤트 버스로 이벤트 전송
- 제이쿼리로 HTML/자바스크립트 사용자 인터페이스 작성
- 버텍스 병렬 실행 모델 기초

3

데이터베이스 연동

대부분의 애플리케이션은 영속적인 데이터 저장소가 필요하다. 마인드 맵 애플리케이션도 예외가 아니다. 버텍스 애플리케이션에서, 2장에서 살펴본 모듈 및 이벤트 버스와 같은 인프라를 기반으로 하는 영속성 서비스를 사용할 수 있다.

이번 장에서 버텍스 몽고 퍼시스터Mongo Persistor 모듈을 사용해 몽고DB에 접속해볼 것이다. 이벤트 버스상에서 데이터베이스 연산을 실행해보고, 그 결과를 처리해볼 것이다. 또한, 모듈 시스템과 공개 모듈 레지스트리에 대해 상세히 살펴볼 것이다.

몽고DB

몽고DB_{MongoDB}는 오픈소스 NoSQL 문서 지향 데이터베이스 시스템으로, 매력적인 방법으로 성능과 확장성 모두를 제공하고 있으며 사용하기도 쉽다.

 NoSQL은 몇 년 전 불쑥 등장한, 새로운 데이터베이스 시스템을 위해 흔히 사용하는 용어다. NoSQL 시스템의 공통점은 비관계형 데이터베이스이며, 질의 언어로 SQL을 사용하지 않는다. 1970년대 이후로 대부분의 데이터베이스가 채용하고 있는 방법을 사용하지 않는다. 각 NoSQL 데이터베이스는 자기만의 방식을 갖고 있으며, 대부분 확장성과 개발자에 친숙한 방법을 사용하고 있다고 강조한다.

몽고DB에 JSON 객체를 투명하게 저장하고 질의할 수 있기 때문에, 몽고DB는 버텍스와 궁합이 잘 맞는다. 데이터뿐만 아니라, 몽고DB 데이터베이스 쿼리 역시 JSON으로 되어 있다. 2장에서 설명했던 것처럼, JSON은 버텍스 이벤트 버스상에서 통신을 위해 선택된 데이터 포맷이다. 몽고DB가 버텍스와 잘 어울리는 것은 자연스러운 일이다.

몽고DB 사용법은 매우 간단하며 차차 모든 연산에 대해 설명할 것이다. 몽고DB 학습에 많은 시간을 할애할 필요 없이 쉽게 따라올 수 있을 것이다. 몽고DB에 대해 좀 더 알고 싶다면, 시작한다는 측면에서 http://www.mongodb.org/ 사이트에 있는 공식 문서를 살펴보는 것을 추천한다.

그 밖의 영속성 저장소

몽고DB는 버텍스 애플리케이션 개발에 있어 영속성을 위한 선택사항 중 하나다.

관계형 데이터베이스 연동이 필요하면 JDBC 퍼시스터를 사용하면 된다. 자바 JDBC API을 통해 연동할 수 있는 모든 데이터베이스를 지원한다.

또한 레디스(Redis)에 접속할 수 있는 레디스 클라이언트를 제공한다. 이 두 가지 모듈 모두 버텍스 모듈 레지스트리에서 얻을 수 있다. 이번 장에서 버텍스 모듈 레지스트리에 대해 역시 살펴볼 것이다.

데이터베이스를 위한 자바 드라이버 또는 커넥터가 있다면, 각 데이터베이스에 맞는 접속 코드를 작성할 수 있다. 데이터베이스 접속 코드를 버텍스 워커 모듈로 작성하면 된다. '5장, 다양한 언어 지원과 모듈 개발'에서 워커 모듈에 대해 상세히 살펴볼 것이다.

몽고DB 설치

몽고DB 접속 전에, 몽고DB를 설치해야 하며, 해당 서버 데몬 프로세스가 구동 중이어야 한다.

몽고DB 설치는 단순하며, 다음처럼 다양한 방법이 있다.

- **OS X:** 홈브루 또는 맥포트MacPorts로 설치하기
- **우분투 또는 데비안 리눅스:** APT로 설치하기
- **레드햇, CentOS 또는 페도라 리눅스:** RPM으로 설치하기
- OS X, 리눅스, 윈도우, 솔라리스를 위한 프리 컴파일 및 패키지 버전 다운로드 및 설치하기

http://docs.mongodb.org/ 사이트에서 각 플랫폼별 공식 설치 가이드를 제공하고 있다. 여러분의 플랫폼에 맞는 설치 방법을 확인하고, 몽고DB를 설치한다. 이번 장에서, 기본 옵션으로 몽고DB를 설치 및 설정했다고 가정한다. 기

본 설정은 다음과 같다.

- **호스트**: localhost

- **포트**: 27017

- 인증 비활성화

몽고DB 설치가 끝났다면, 설치한 디렉토리에 있는 mongo 명령어로 몽고DB 셸을 실행하여 로컬 데이터베이스에 접속할 수 있어야 한다.

```
mongo
MongoDB shell version: 2.2.0
connecting to: test
>
```

Ctrl+C 키를 사용해 셸을 종료할 수 있다.

 MongoHQ((https://www.mongohq.com/) 같은 클라우드 서비스를 사용해 몽고DB 데이터베이스를 서비스할 수 있다. 클라우드 서비스를 사용하면 몽고DB 설치는 필요 없다. 버텍스 몽고 퍼시스터 설정에서 클라우드 서비스되고 있는 데이터베이스 주소를 지정하면 된다.

버텍스 몽고 퍼시스터 모듈 설치

몽고DB를 설치했고, 이제 구동 중임으로, 버텍스에서 몽고DB에 접속할 수 있는 상태가 되었다. 몽고DB에 접속하려면 몽고 퍼시스터 모듈이 있어야 한다. 몽고 퍼시스터는 공개 모듈 레지스트리에서 얻을 수 있다. 내친김에, 레지스트리에서 원하는 버텍스 모듈을 찾고, 설치하는 방법에 대해 살펴보자.

'1장, 버텍스 시작'에서 공개 버텍스 모듈인 웹 서버 모듈을 사용해봤다. 배포 버티클인 app.js에서 container.deployModule 함수를 사용해 웹 서버 모듈을 배포해보고, project의 하위 폴더 mods에서 이 모듈을 확인할 수 있었다.

몽고 퍼시스터 모듈도 같은 방법으로 설치할 수 있다. 배포 버티클에서 모듈을 배포만 하면 된다. 버텍스는 모듈을 찾고 설치 및 배포할 것이다. 공개 모듈 레지스트리에 있는 모든 모듈을 같은 방법으로 적용할 수 있다.

웹 브라우저에서 http://modulereg.vertx.io/에 접속해보자. 이 페이지에서 버텍스 모듈 레지스트리에 있는 모든 모듈을 확인할 수 있다.

목록에서 io.vertx~mod-web-server~2.0.0-final을 볼 수 있을 것이다. 이 모듈이 '1장, 버텍스 시작'에서 설치한 웹 서버 모듈이다.

목록에서 몽고 퍼시스터 모듈을 찾아보자. io.vertx~mod-mongo-persistor로 시작하는 것을 찾을 수 있을 것이다. 가장 최신 모듈을 찾아서 선택한다(이 책을 쓸 때는 io.vertx~mod-mongo-persistor~2.0.0-final이 최신 버전이었다).[1]

해당 모듈을 선택하면 상세 정보가 나타나며, 몽고 퍼시스터 문서 링크를 볼 수 있을 것이다. 이 링크를 따라, 퍼시스터 설정 및 사용 방법에 대한 정보를 확인할 수 있다.

모듈 레지스트리는 모듈에 대한 정보를 공개적으로 제공하고 중앙 관리할 뿐이지, 실제 모듈 패키지가 저장된 곳은 아니다. 실제 모듈 패키지는 인터넷상에 공개된 메이븐 저장소나 회사 내부에 설치한 비공개 메이븐 저장소, 또는 오픈소스 패키지 호스팅 서비스인 빈트레이Bintray에 저장 및 배포되어 있다. 예를 들어, 몽고 퍼시스터의 경우 레지스트리 목록의 상세 정보에 볼 수 있는 것처럼 메이븐 중앙 저장소에 저장되어 있다.

---

1 번역 시 최신 버전은 io.vertx~mod-mongo-persistor~2.1.0이다. - 옮긴이

메이븐은 자바 빌드 툴로 널리 사용되고 있다. 메이븐의 여러 기능 중 하나로 소프트웨어 패키지 배포를 위한 툴 및 인프라를 제공하고 있다. 버텍스는 모듈 배포를 위해 이 인프라를 사용하고 있다. 하지만, 이 모든 것이 투명하게 처리되고 있어서 특정 버텍스 모듈을 사용하기 위해 메이븐에 대해 알아야 할 필요는 없다.

아직 로컬에 설치되지 않은 모듈을 배포할 때, 버텍스는 빈트레이Bintray, 중앙 메이븐 저장소, 소나타입 스냅샷Sonatype Snapshots 메이븐 저장소, 로컬 메이븐 저장소에서 이 모듈을 찾아볼 것이다.

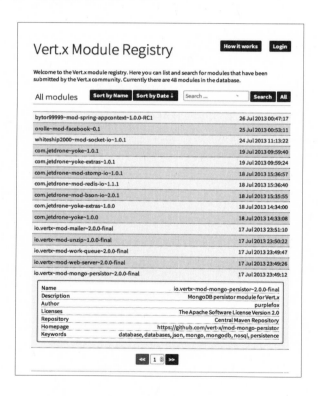

버텍스가 모듈을 검색할 레지스트리 위치를 지정할 수 있다. 예를 들어 회사 안에서 모듈을 배포할 수 있는 내부 메이븐 저장소를 구성할 수 있다. 버텍스를 설치한 경로의 conf 디렉토리에 있는 repos.txt 파일에 원하는 저장소의 URL을 지정하면 된다.

모듈을 설치해보자. 웹 서버 모듈을 처리했던 것처럼 배포 버티클인 app.js에서 container.deployModule을 호출해야 한다. 다음 코드를 살펴보자.

```
var container = require("vertx/container");

container.deployModule("io.vertx~mod-web-server~2.0.0-final", {
  port: 8080,
  host: "localhost",
  bridge: true,
  inbound_permitted: [{ address: 'mindMaps.list' },{ address:
    'mindMaps.save' },{ address: 'mindMaps.delete' }]
});
container.deployModule("io.vertx~mod-mongo-persistor~2.0.0-final",
  {
    address: "mindMaps.persistor",
    db_name: "mind_maps"
  });
container.deployVerticle('mindmaps.js');
```

deployModule 함수의 첫 번째 인자는 모듈 이름과 버전이다(모듈 레지스트리에 명시돼 있는 값을 넣는다). 두 번째 인자는 모듈 설정 객체다. 설정 객체에 다음 두 가지 정보를 설정할 것이다.

● **모듈을 위한 이벤트 버스 주소:** 이 주소는 이벤트 처리 함수를 등록한 이벤트 버스의 주소다. 퍼시스터에 네임스페이스를 추가하는 것은 좋은 명명 방법 중 하나다. 이렇게 함으로써 같은 버텍스 인스턴스에서 구동될 수 있는 다른 퍼시스터와 섞일 일이 없다. 여기서는 네임스페이스를 mindMaps로 지정했다. mindmaps.js에 있는 처리 함수 네임스페이스와 같다.

- **이 퍼시스터가 사용할 데이터베이스의 이름:** `mind_maps` 데이터베이스를 사용할 것이다. 몽고DB는 처음 데이터베이스에 접속할 때, 이 데이터베이스를 자동으로 생성할 것이다.

기본 포트 아닌 다른 포트를 사용자가 지정하거나 다른 머신에 몽고DB를 설치했다면, 추가로 구성 설정에 `host`와 `port`를 지정해야 한다.

설정이 끝났다면, 버텍스를 재시작한다. 버텍스는 `project` 하위 `mods` 디렉토리로 모듈을 가져와 설치할 것이다.

```
$ vertx run app.js
```

마인드 맵 관리를 위한 데이터베이스 연동 구현

mindmap.js에서 몽고DB 데이터베이스와 연동하기 위한 모든 설정을 마쳤다. '2장, 버텍스 웹 애플리케이션 개발'에서 사용했던 `mindMaps` 자바스크립트 배열에 있는 데이터 대신, 버티클은 몽고DB에 접속하게 될 것이다. 데이터베이스에 있는 `mindMaps` 컬렉션에 모든 마인드 맵을 저장할 것이다.

데이터베이스 연동을 위한 모든 변경사항은 mindmaps.js에만 적용된다. 클라이언트 코드는 변경사항으로부터 어떤 영향도 받지 않고, 이전과 같이 동작할 것이다.

이전에 데이터베이스 접근 코드를 작성해본 적이 있다면, 아마도 다이렉트 API를 사용했을 것이다. 이 다이렉트 API는 데이터베이스에 수행하는 검색, 저장, 삭제 그밖의 다른 연산을 위한 메소드를 포함하는 클래스 또는 모듈이다. 몽고DB 역시 이와 같은 API를 제공한다. 그러나 버텍스 애플리케이션 코드에서 바로 다이렉트 API를 사용하지는 않을 것이다.

대신 버텍스에서 가장 선호하는 방식은 이벤트 버스를 사용하는 것이다. 몽고 퍼시스터 모듈을 사용해 몽고DB 데이터베이스 연산을 실행하기 위해 이벤트를 이벤트 버스에 보낸다. 이벤트가 배포되면 몽고 퍼시스터는 이 이벤트를 계속 관찰하게 된다. 애플리케이션 코드에서 몽고DB 연산을 호출하기 위해 특별한 클래스나 메소드는 필요 없다. 이벤트 버스, 이벤트 버스 주소, 데이터 구조, 그리고 콜백 함수만 있으면 된다.

데이터베이스 연산이 이벤트 버스의 이벤트가 되었다면, 브라우저에서 바로 이 이벤트를 초기화하고, 이벤트 버스 브릿지상에서 서버로 이벤트를 보낼 수 있는지 궁금해할 것이다. 사실, 데이터베이스 연산이 브릿지의 inbound_permitted 목록에 추가되었다면 가능하다.

그러나 프로토타입 또는 잠시 사용할 애플리케이션이 아닌 이상 이런 방식을 권장하지 않는다. 우선, 브라우저상에서 데이터베이스 연산이 초기화되면 보안 이슈가 발생하게 된다. 브라우저는 항상 신뢰할 수 없는 환경이라 생각해야 하기 때문이다. 두 번째로, 대부분 애플리케이션에서 데이터베이스나 데이터베이스 쿼리 관련 코드 모두 브라우저 코드에 두지 않는 것이 아키텍처 측면에서 더 합리적이다.

버텍스 콘솔

데이터베이스 에러가 발생할 경우 에러 확인을 위해, 에러 로그를 서버 콘솔에 출력할 필요가 있다. 이런 처리를 하기 위해 마인트 맵 버티클에 콘솔 CommonJS 모듈을 추가해야 한다. mindmap.js 파일 시작 부분에 다음 코드를 추가한다.

```
var console = require('vertx/console');
```

마인드 맵 목록 가져오기

마인드 맵 목록을 가져오기 위해, 이벤트 버스에 이벤트를 보낸다. 몽고 퍼시스터 주소가 mindMaps.persistor인 이벤트 버스로 이벤트를 보낼 것이다. 데이터베이스로부터 결과 수신 시, 그 결과를 인자로 호출될 콜백 함수 역시 지정한다.

mindmaps.js의 mindMaps.list 이벤트 핸들러 내용을 다음과 같이 수정한다.

```
eventBus.registerHandler('mindMaps.list', function(args, responder) {
  eventBus.send(
    'mindMaps.persistor',
    {action: "find", collection: "mindMaps", matcher: {}},
    function(reply) {
     if (reply.status === "ok") {
       responder({mindMaps: reply.results});
     } else {
       console.log(reply.message);
     }
    }
  );
});
```

차근차근 코드를 살펴보자.

● mindMaps.persistor 주소로 다음 3가지 정보를 갖는 JSON 객체를 보낸다.

   ○ **action**: 데이터베이스에서 실행할 액션을 지정한다. 이번의 경우, find를 지정한다.

   ○ **collection**: 연산을 실행할 몽고DB 컬렉션을 지정한다

   ○ **matcher**: 검색 쿼리의 인자를 지정한다. 검색할 마인드 맵 종류. 이것은 SQL 쿼리와 유사한 몽고DB 쿼리다. 이번의 경우, 컬렉션에 있는 모든 마인드 맵을 가져오기 위해, 빈 matcher를 지정했다.

● 두 번째 인자는 콜백 함수다. 이 함수는 쿼리 응답이 오면 콜백으로 호출된다. 연산의 성공 여부는 status를 키로 저장되어 있다.

   ○ 연산이 성공하면(status값이 ok), 원래 이벤트의 응답자로 다시 응답을 보낸다(이번 경우, 브라우저의 클라이언트 코드). 응답자는 데이터베이스로부터 수신한 reply 객체의 results 키로 찾을 수 있는 결과값 mindMaps를 처리하게 될 것이다.

○ 실패할 경우, 에러 메시지를 서버 콘솔에 출력한다. 좀 더 정교하게 구현한다면, 사용자가 호출한 함수에 에러를 전달하여, 사용자에게 무슨 에러가 발생했는지 알릴 수도 있다.

마인드 맵 찾기

마인트 맵 아이디로 원하는 마인드 맵을 검색하는 핸들러를 추가해보자. 지금까지는 특정 마인드 맵을 검색하는 핸들러가 필요 없었다. 하지만, 4장에서 마인드 맵 편집기를 구현할 때 이 핸들러가 필요하다.

특정 마인드 맵을 찾는 코드는 전체 마인드 맵을 찾는 코드와 유사하다. 전과 같은 주소로 이벤트를 보낸다. 몽고 퍼시스터에서 모든 연산은 단일 주소로 보낸다. 연산 종류를 구별하기 위한 속성은 페이로드 객체의 action이다. 이때, 마인드 맵 배열을 반환하는 find 액션 대신에 하나의 마인드 맵만 반환하는 findone 액션을 사용한다. 이 액션은 첫 번째로 찾은 마인드 맵을 반환한다. 검색할 마인드 맵의 _id값 역시 지정한다. 다음 코드에서 findone 액션을 확인해보자.

```
eventBus.registerHandler('mindMaps.find', function(args,
  responder) {
    eventBus.send(
      'mindMaps.persistor',
      {action: "findone", collection: "mindMaps", matcher: {_id:args._id}},
      function(reply) {
        if (reply.status === "ok") {
          responder({mindMap: reply.result});
        } else {
            console.log(reply.message);
        }
      }
    );
});
```

마인드 맵 저장

마인드 맵을 저장할 때, 이전처럼 같은 주소로 이벤트를 보낸다.

다음 코드를 확인해보자.

```
eventBus.registerHandler('mindMaps.save', function(mindMap,
  responder) {
    eventBus.send(
      'mindMaps.persistor',
      {action: "save", collection: "mindMaps", document: mindMap},
      function(reply) {
        if (reply.status === "ok") {
          mindMap._id = reply._id;
          responder(mindMap);
        } else {
          console.log(reply.message);
        }
      }
    );
});
```

저장 이벤트의 페이로드는 이전과 약간 다르다.

- save 액션을 사용한다. 그리고 mindMaps에 저장할 몽고DB 컬렉션과 저장할 문서를 정의한다. 저장할 문서는 mindMaps.save 이벤트의 페이로드다.

- 연산이 성공하면, 응답으로부터 _id를 찾을 수 있다. 이것은 문서에 할당된 아이디 값이다. 이 아이디 값은 마인드 맵을 참조하는 데 사용된다. mindMap 문서의 아이디를 이 값으로 지정하고, responder 콜백 함수를 통해 아이디 값을 반환한다.

- 이 연산이 실패하면, 이전 함수와 같이 에러를 콘솔에 출력한다.

몽고DB를 많이 접해봤다면, 저장된 문서의 _id는 기본적으로 ObjectId 인스턴스로 할당하게 된다는 것을 알 것이다. JSON 또는 다른 일반적인 직렬화 포맷은 ObjectId 타입을 지원하지 않기 때문에 저장된 문서를 다른 코드나 웹 브라우저로 전달 시, ObjectId 타입 처리가 불편할 수 있다. 이 때문에 버텍스 몽고 퍼시스터는 새로운 문서에 문자열 아이디(랜덤 고유 아이디)를 할당한다. 따라서 추가로 타입 변환 처리가 필요 없다.

마인드 맵 삭제

마인드 맵 삭제는 다른 연산과 같은 방법으로 처리된다.

```
eventBus.registerHandler('mindMaps.delete', function(args,
  responder) {
    eventBus.send(
      'mindMaps.persistor',
      {action: "delete", collection: "mindMaps", matcher: {_id:
        args.id}},
      function(reply) {
        if (reply.status === "ok") {
          responder({});
        } else {
          console.log(reply.message);
        }
      }
    );
});
```

● 이 이벤트의 페이로드 역시 이전과 유사하다. 이번에 실행할 액션은 delete
  다. 이번에도 역시 작업할 컬렉션으로 mindMaps 컬렉션을 정의한다. find처
  럼, 몽고DB는 삭제할 문서를 지정하는 matcher 객체가 필요하다. findone
  과 같이 삭제할 마인드 맵의 _id를 지정한다. _id 는 args 함수 인자 객체에
  있다.

- 삭제가 성공하면, 응답으로 빈 객체가 온다(이 객체는 중요하지 않다. 이벤트 버스 브릿지는 응답 시 값이 꼭 있어야 하기 때문에 빈 객체를 사용한 것이다).
- 삭제가 실패하면 에러를 서버 콘솔에 출력한다.

중복 코드 리팩토링

mindmaps.js에 있는 세 가지 핸들러 함수를 잘 살펴보면, 이들 사이에 공통으로 사용할 수 있는 중복 로직이 있다는 것을 알 수 있다.

- 모든 함수가 이벤트 버스상에서 `mindMaps.persistor` 주소로 이벤트를 보낸다.
- 모든 함수가 연산 성공/실패를 확인한다.
- 실패하면 모든 함수가 에러 메시지를 콘솔에 출력한다.

세 가지 핸들러 함수 모두 사용할 수 있는 헬퍼helper 함수를 사용해 중복 코드를 피할 수 있다.

자바스크립트 버티클은 일반적인 자바스크립트 파일이며, 다른 자바스크립트 환경에서와 같이 함수를 정의할 수 있다. 이번의 경우, 다음 내용을 처리하는 함수를 작성할 것이다

- 몽고 퍼시스터 명령 객체 및 콜백 함수를 인자로 받는다.
- 이벤트 버스상에 퍼시스터의 주소로 명령 객체를 보낸다.
- 응답이 오면 성공인지 확인한다. 성공이면 응답을 인자로 콜백 함수를 호출한다.
- 실패이면 에러 메시지를 서버 콘솔에 출력한다. 이 경우 콜백 함수를 호출하지 않는다.

다음 예제 함수를 살펴보자.

```
function sendPersistorEvent(command, callback) {
  eventBus.send('mindMaps.persistor', command, function(reply) {
    if (reply.status === "ok") {
      callback(reply);
    } else {
      console.log(reply.message);
    }
};
```

이제 기존에 있던 핸들러 함수를 변경하고, 위에서 새로 정의한 함수를 사용해
보자. 중복 코드를 줄일 수 있다.

다음 코드는 수정한 mindmaps.js의 전체 코드다.

```
var eventBus = require('vertx/event_bus');
var console = require('vertx/console');
function sendPersistorEvent(command, callback) {
  eventBus.send('mindMaps.persistor', command, function(reply) {
    if (reply.status === "ok") {
      callback(reply);
    } else {
      console.log(reply.message);
    }
};
eventBus.registerHandler('mindMaps.list', function(args,
  responder) {
  sendPersistorEvent(
    {action: "find", collection: "mindMaps", matcher: {}},
    function(reply) {
      responder({mindMaps: reply.results});
    }
  ) ;
});
eventBus.registerHandler('mindMaps.find', function(args,
  responder) {
  sendPersistorEvent(
    {action: "findone", collection: "mindMaps", matcher: {_id:
      args._id}},
```

```
      function(reply) {
        responder({mindMap: reply.result});
      }
    );
  });

  eventBus.registerHandler('mindMaps.save', function(mindMap,
    responder) {
    sendPersistorEvent(
      {action: "save", collection: "mindMaps", document: mindMap},
      function(reply) {
        mindMap._id = reply._id;
        responder(mindMap);
      }
    );
  });
  eventBus.registerHandler('mindMaps.delete', function(args,
    responder) {
    sendPersistorEvent(
      {action: "delete", collection: "mindMaps", matcher: {_id:
        args.id}},
      function(reply) {
        responder({});
      }
    );
  });]
}
```

> 기존 파일에서 mindMaps 객체 또한 제거했다. 이제 모든 마인드 맵을 몽고DB 데이터베
> 이스에 저장하기 때문에. 더 이상 mindMaps 객체가 필요 없다.

다시 버텍스를 구동하면, 이전과 같이 UI를 사용할 수 있어야 한다. 차이점은
생성한 마인드 맵이 이제는 몽고DB mind_maps 데이터베이스로 저장되며, 버
텍스가 재실행되더라도 이전에 생성한 마인드 맵은 그대로 유지될 것이다. 또

한, 몽고DB 셸에서도 데이터를 확인하고 처리할 수 있게 되었다.

UI가 정상적으로 동작하지 않는다면, 서버 콘솔을 확인해보자(모든 에러는 서버 콘솔에 출력된다). 몽고DB 접속 이슈 또는 다른 데이터베이스 관련 문제가 있을 수 있다.

정리

3장에서 버텍스와 몽고DB 연동에 대해 배웠다. 몽고DB 연동은 기존에 친숙히 사용하던 방식과 약간 다르다. 다이렉트 API 대신, 버텍스 이벤트 버스 기반 연동을 하고 있다.

버텍스의 상당히 많은 부분을 이벤트 버스를 통해 처리하고 있다. 특정 API를 사용하는 대신 모든 것을 데이터로 처리한다. 이 부분이 다이렉트 API에 비해 다소 어색하고 복잡해보일 수 있다. 그러나 '5장, 다양한 언어 지원과 모듈 개발'에서 다른 프로그래밍 언어를 함께 사용하기 시작하면, 이 방법을 더 선호하게 될 것이다.

3장에서는 다음 내용을 다루었다.

● 몽고DB 설치

● 공개 모듈 레지스트리에서 모듈 찾고 사용하기

● 버텍스 몽고 퍼시스터 모듈 설치 및 설정

● 이벤트 버스상에서 버텍스 몽고 퍼시스터 모듈을 사용해 데이터 검색, 추가, 삭제

● 중복 코드를 줄이기 위해 자바스크립트 버티클에서 헬퍼 함수 사용

4
실시간 통신

이제 마법 같은 실시간 통신에 대해 알아보자! 4장에서는 마인드 맵을 편집기에서 협업하여 생성하고 수정하고 그러한 변경사항을 실시간으로 상대방이 바로 확인할 수 있도록 애플리케이션을 확장할 것이다.

데이터를 시각화하는 데 강력한 도구인 D3 자바스크립트 라이브러리를 사용해 편집기 사용자 인터페이스를 구축할 것이다.

마인드 맵 구조

마인드 맵은 어떻게 표현해야 할까? 여러 가지 형태를 봤을 것이다. 보통 중심이 되는 단어나 개념으로부터 트리 형태로 뻗어나가는 형태를 주로 사용한다. 마인드 맵은 사실 트리로 표현할 수 있다

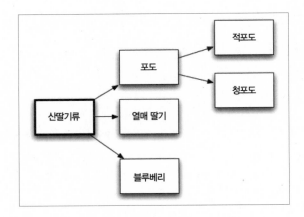

화면에 보여주려는 마인드 맵은 이와 같다. JSON 데이터 구조에 대해 살펴보면 마인드 맵의 각 노드에서 다음 정보가 필요하다.

- 사용자가 화면에서 볼 노드명
- **노드의 단일 키**: 실시간으로 변경을 반영할 때 이 키를 참조할 수 있다. 노드명은 노드의 생명주기 동안 변경될 수 있기 때문에 절대 변하지 않는 별도의 속성이 필요하다.
- 부모 노드에서 뻗어나가는 모든 노드를 포함한 자식 노드 배열

버텍스, 웹브라우저, 몽고DB의 모든 컴포넌트가 JSON 데이터 구조를 잘 처리하기 때문에 이와 유사한 데이터 구조로 작업하는 데 아무 문제가 없어야 한다.

다음은 3장에서 본 마인드 맵의 JSON 데이터다. 마인드 맵 자체를 루트 노드로 사용할 것이기 때문에 마인드 맵의 이름이 중심 개념이 된다.

```
{
  "_id": "1234-5678-9012-3456",
  "name": "산딸기류",
  "children": [
    {
      "key": "1",
      "name": "포도",
      "children": [
```

```
      {
        "key": "2",
        "name": "적포도"
      },
      {
        "key": "3",
        "name": "청포도"
      }
    ]
  },
  {
    "key": "4",
    "name": "열매 딸기"
  },
  {
    "key": "5",
    "name": "블루베리"
  }
  ]
}
```

실시간 상호작용

이제 데이터가 어떤 형태로 보여질지 알게 됐다. 다음은 편집기에서 실시간 처리를 어떻게 할 것인지 논의해보자.

지금까지 작성한 간단한 마인드 맵 편집기는 세 개의 기능을 지원한다.

● 마인드 맵에 노드 추가

● 마인드 맵의 노드 삭제

● 마인드 맵의 이름 변경

전통적인 애플리케이션에서는 요청-응답 형식의 API를 바탕으로 이런 기능을 구현했다. 사용자가 노드를 추가할 때 변경 요청이 서버로 보내지고 서버는 변경이 성공했는지 실패했는지의 결과를 응답으로 보낸다.

실시간 환경에서 이런 식으로는 동작하지 않는다. 모든 사용자가 변경한 사항을 동시에 고려해야 한다. 이런 것을 할 수 있는 비교적 쉬운 방법 중의 하나는 요청과 응답을 두 개의 다른 개념으로 분리하는 것이다. 이런 개념을 이벤트와 명령어라고 부를 것이다.

이벤트

마인드 맵의 변경 사항은 이벤트의 흐름으로 생각할 수 있다. 정의한 기능에 따라 구현할 이벤트로는 노드 추가, 노드 삭제, 노드 이름 변경 세 가지가 있다.

사용자가 브라우저에서 마인드 맵을 열면 브라우저는 마인드 맵에 관련된 모든 이벤트를 받도록 구독한다. 이런 모든 이벤트를 위한 핸들러를 작성할 것이다. 핸들러는 화면에 보여지는 마인드 맵에 표시될 내용의 갱신을 담당한다.

명령어

사용자가 마인드 맵을 변경(노드 추가, 노드 삭제, 노드 이름 변경)하기 원하면 명령어를 생성한다. 이 명령어는 버텍스 이벤트 버스('2장, 버텍스 웹 애플리케이션 개발'에서 소개한)로 전송될 것이다. 서버에는 들어오는 명령어를 처리할 버티클이 있을 것이다.

명령어가 보내지면 명령어에 대해 바로 응답하지는 않는다는 것을 알아두자. 대신 명령어의 결과는 다음에 이벤트를 통해 확인할 수 있을 것이다(또는 명령어가 실패할 수도 있다. 그럴 경우 이벤트는 발생하지 않는다).

이벤트 명령어 분리 패턴을 사용해서 얻을 수 있는 효과는 사용자가 화면에서 마인드 맵을 열면 마인드 맵의 실시간 이벤트 흐름을 구독하고 바로 모든 변경

사항을 볼 수 있다는 것이다. 사용자가 마인드 맵을 변경하기 원한다면 명령어를 보내고 변경 결과가 이벤트 흐름의 일부가 될 것이다. 그래서 이벤트 흐름은 사용자나 다른 사용자가 변경한 마인드 맵의 모든 변경 사항을 포함한다.

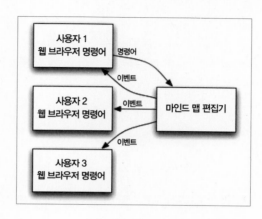

세 명의 사용자가 협업하여 마인드 맵을 수정하고 있는 상황에서 정보의 흐름은 위의 그림과 비슷하다. 사용자 1이 마인드 맵을 변경하면 명령어가 이벤트 버스 브릿지를 통해 mindmap_editor.js로 보내진다. mindmap_editor.js는 백엔드에서 명령어를 처리하고 변경 사항을 기술하는 이벤트를 발송한다. 연결된 모든 사용자는 같은 이벤트를 받는다.

편집기 버티클

우선 마인드 맵 편집 명령어를 처리하고 변경 이벤트를 마인드 맵으로 보낼 또 다른 버티클을 생성하자.

프로젝트 루트 디렉토리에 mindmap_editor.js 파일을 생성하고 명령어 핸들러의 기본 뼈대를 추가한다.

```
var eventBus = require('vertx/event_bus');
eventBus.registerHandler('mindMaps.editor.addNode',
  function(args) {
});
eventBus.registerHandler('mindMaps.editor.renameNode',
  function(args) {
});
eventBus.registerHandler('mindMaps.editor.deleteNode',
  function(args) {
});
```

헬퍼 함수

명령어 핸들러를 구현하기 전에 핸들러를 작성하는 데 유용한 몇 개의 유틸리티 함수를 추가하자. 첫 번째는 고유한 키로 마인드 맵에서 노드를 찾는 함수다. 이 함수를 방금 생성한 mindmap_editor.js 파일의 제일 위에 추가한다.

```
function findNodeByKey(root, key) {
  if (root.key === key) {
    return root;
  } else if (root.children) {
    for (var i=0 ; i<root.children.length ; i++) {
      var match = findNodeByKey(root.children[i], key);
      if (match) return match;
    }
  }
}
```

이 함수는 마인드 맵 트리의 깊이 우선 탐색을 구현한 것이다. 탐색을 시작할 루트 노드와 검색할 키를 인자로 받는다. 루트 노드가 탐색하려는 노드인지 확인하고, 맞다면 리턴한다. 아니면 루트 노드의 각 자식 노드를 재귀적으로 호출하여 검색하려는 노드를 찾을 때까지 자식 노드를 탐색한다.

두 번째는 노드 키를 생성하는 데 필요한 함수다. 앞서 얘기한 것처럼 마인드 맵의 각 노드는 노드를 탐색할 때 사용할 수 있도록 단일 키를 가져야 한다. findNodeByKey 함수가 이러한 일을 한다. 노드는 데이터베이스의 일급 객체가 아니므로 데이터베이스나 버텍스 몽고 퍼시스터가 노드의 아이디를 할당해주지는 않는다. 노드는 마인드 맵의 데이터 구조를 위해 필요한 객체일 뿐이다. 따라서 단일 키를 생성해줄 함수를 정의해보자.

```
function newNodeKey() {
  return java.util.UUID.randomUUID().toString();
}
```

이 함수는 임의의 범용 단일 아이디(UUID, Universally Unique Identifier) 문자열을 리턴한다. 버텍스 애플리케이션이 JVM 위에서 실행되는 것을 알기 때문에 자바에서 제공하는 UUID API(http://docs.oracle.com/javase/7/docs/api/java/util/UUID.html 참조)를 활용할 수 있다. 이렇게 버텍스에서 언제 어디서든 자바 플랫폼의 모든 기능을 사용할 수 있다.

이 시점에서 필요한 세 번째 헬퍼 함수는 이벤트 버스로 마인드 맵 이벤트를 발행하는 함수다. 다음과 같이 추가하자.

```
function publishMindMapEvent(mindMap, event) {
  eventBus.publish('mindMaps.events.'+mindMap._id, event);
}
```

각 마인드 맵은 이벤트 버스에서 마인드 맵의 변경 이벤트를 발행할 자기만의 주소를 가진다. 마인드 맵 아이디를 이용하여 이벤트 주소를 생성한다. 주소는 mindMaps.events.1234-5678-9012-3456과 같은 형태가 된다.

여기서 추가로 주의해야 할 점은 이전에 send 함수를 호출한 것과 달리 이벤트 버스의 publish 함수를 호출하는 것이다. send 함수는 하나의 핸들러(일대일 메시징)만 이벤트를 받을 수 있지만 publish 함수는 이벤트 주소에 등록한 모든 핸들러(발행 구독 메시징)가 이벤트를 받을 수 있다는 점이 다르다. 이것은 정확히 우리가 원하는 것이다. 브라우저에 마인드 맵을 연 모든 사용자는 이벤트를 받을 것이다. 버텍스 이벤트 버스는 두 개의 함수를 제공해서 두 가지 통신 방식을 모두 사용할 수 있다.

노드 추가 명령어 핸들러

모든 명령어 핸들러는 비슷한 구조를 가진다.

1. 작업할 마인드 맵과 노드를 찾기

2. 마인드 맵 데이터 구조 조작

3. 데이터베이스에 마인드 맵 저장

4. 변경된 사항을 알 수 있도록 이벤트 발행

노드 추가에 대해 생각해보자. 편집할 마인드 맵의 아이디와 새로운 노드의 부모가 될 노드의 키, 두 개의 정보가 필요하다. 부가적으로 새로운 노드의 이름을 제공할 수도 있지만 생략된다면 기본 이름을 사용할 수 있다. 노드 추가 명령어는 다음과 같을 것이다.

```
{
  "mindMapId": "1234-5678-9012-3456",
  "parentKey": "3",
  "name": "A new node"
}
```

핸들러는 데이터베이스에서 마인드 맵을 찾고 부모 노드를 찾아서 새로운 노드를 붙이고, 변경된 마인드 맵을 데이터베이스에 다시 저장한다. 마지막으로 마인드 맵의 주소로 이벤트를 발행해서 변경 사항이 발생한 것을 알린다.

명령어 핸들러 뼈대를 다음과 같이 확장한다.

```
eventBus.registerHandler('mindMaps.editor.addNode',
  function(args) {
  eventBus.send('mindMaps.find', {_id: args.mindMapId},
    function(res) {
```

```
    if (res.mindMap) {
      var mindMap = res.mindMap;
      var parent = findNodeByKey(res.mindMap, args.parentKey);
      var newNode = {key: newNodeKey()};
      if (args.name) {
        newNode.name = args.name;
      } else {
        newNode.name = 'Click to edit';
      }
      if (!parent.children) {
        parent.children = [];
      }
      parent.children.push(newNode);
      eventBus.send('mindMaps.save', mindMap, function() {
        publishMindMapEvent(mindMap, {event: 'nodeAdded',
          parentKey: args.parentKey, node: newNode});
      });
    }
  });
});
```

핸들러는 앞에서 정의한 세 개의 헬퍼 함수를 사용한다. 코드를 하나씩 살펴
보자.

● mindMaps.find 주소로 이벤트를 보내서 명령어의 마인드 맵을 로드한다.
  이 이벤트는 '3장, 데이터베이스 연동'에서 작성한 mindmaps.js 버티클의
  핸들러가 받는다.

● 응답이 도착하면 먼저 헬퍼 함수를 이용해 마인드 맵을 검색할 수 있는지
  확인하고 새 노드의 부모 노드를 찾는다. 또한 새 노드의 객체를 생성한다.

● 부모 노드의 children 배열이 초기화됐는지 확인하고 배열에 새 노드를 추
  가한다.

● 갱신된 mindMap 객체를 인자로 mindMaps.save 이벤트를 보낸다.
  mindmap.js 버티클이 다시 이 이벤트를 받을 것이다. 저장이 완료되면 변

경 사항에 대한 이벤트를 발행한다. 그래서 명령어를 보낸 사용자를 포함한
모두가 새로운 노드가 추가된 것을 알 수 있다.

노드 이름 변경 명령어 핸들러

노드 이름 변경 명령어는 마인드 맵의 아이디, 이름을 변경하려는 노드의 키,
그리고 노드의 새로운 이름을 포함하고 있다.

```
{
  "mindMapId": "1234-5678-9012-3456",
  "key": "1",
  "newName": "a new name"
}
```

이름을 변경할 노드를 찾고 이름 속성을 새로운 값으로 설정해 명령어를 처리
한다. 다음 코드로 노드 이름 변경 명령어 핸들러를 확장한다.

```
eventBus.registerHandler('mindMaps.editor.renameNode',
  function(args) {
  eventBus.send('mindMaps.find', {_id: args.mindMapId},
    function(res) {
    if (res.mindMap) {
      var mindMap = res.mindMap;
      var node = findNodeByKey(mindMap, args.key);
      if (node) {
        node.name = args.newName;
        eventBus.send('mindMaps.save', mindMap, function(reply) {
          publishMindMapEvent(mindMap, {event: 'nodeRenamed', key:
            args.key, newName: args.newName});
        });
      }
    }
  });
});
```

다시 한 번 데이터베이스에서 마인드 맵을 먼저 찾는다. 마인드 맵을 찾으면 이름을 변경할 노드를 찾는다. 찾은 노드의 이름을 새로운 값으로 설정하고 데이터베이스에 다시 저장한다. 저장되면 이름 변경 이벤트를 발행해서 모두에게 이름이 변경되었음을 알린다.

노드 삭제 명령어 핸들러

노드 삭제 명령어는 마인드 맵의 아이디와 삭제할 노드의 키, 두 개의 정보가 필요하다. 처리를 쉽게 하기 위해 부모 노드의 키도 포함할 것이다. 부모 노드의 키는 필수 정보는 아니지만 있으면 구현이 쉬워진다.

```
{
  "mindMapId": "1234-5678-9012-3456",
  "parentKey": "1",
  "key": "2"
}
```

구현은 먼저 부모 노드를 찾고 자식 노드에서 삭제하려는 노드를 제거한다. 삭제 노드 명령어를 다음과 같이 확장한다.

```
eventBus.registerHandler('mindMaps.editor.deleteNode',
  function(args) {
  eventBus.send('mindMaps.find', {_id: args.mindMapId},
    function(res) {
    if (res.mindMap) {
      var mindMap = res.mindMap;
      var parent = findNodeByKey(mindMap, args.parentKey);
      parent.children.forEach(function(child, index) {
        if (child.key === args.key) {
          parent.children.splice(index, 1);
          eventBus.send('mindMaps.save', mindMap,
            function(reply) {
            publishMindMapEvent(mindMap, {event: 'nodeDeleted',
              parentKey: args.parentKey, key: args.key});
```

```
                });
            }
        });
    }
    });
});
```

다시 한 번 마인드 맵을 먼저 찾는다. 마인드 맵을 찾으면 findNodeByKey 함수를 사용해 부모 노드를 찾는다. 자바스크립트 Array.forEach 함수를 사용해서 부모의 자식 노드 배열을 순회한다. 삭제하려는 노드를 찾으면 Array.splice 함수를 사용해 배열에서 삭제한다. 그리고 데이터베이스에 마인드 맵을 다시 저장하고 변경된 사항에 대해 이벤트를 발행한다.

이것으로 편집기의 서버측 구현을 완료했다!

편집기 버티클 배포

새롭게 작성한 편집기 버티클을 배포하고 이 버티클에서 사용하는 기능을 이벤트 버스 브릿지의 화이트리스트에 추가해야 한다. 그래야 브라우저에서 접근할 수 있다.

새로 허용할 인바운드 이벤트는 mindMaps.editor.addNode, mindMaps.editor.renameNode, mindMaps.editor.deleteNode다. 또한, 처음으로 허용할 아웃바운드 이벤트가 생겼는데, 바로 마인드 맵의 변경 사항을 발행할 이벤트다.

마인드 맵의 아이디를 기반으로 주소가 만들어지기 때문에 배포 시점에 아웃바운드 이벤트의 주소가 어떻게 될지는 알 수 없다. 이러한 경우 정확한 주소를 명시하는 대신 address_re 속성을 사용해서 정규표현식으로 주소를 정의할 수 있다. 명령어와 이벤트를 위해 정규표현식을 사용하자. app.js 배포 버티클을 다음과 같이 수정한다.

```
var container = require("vertx/container");
container.deployModule("io.vertx~mod-web-server~2.0.0-final", {
  port: 8080,
  host: "localhost",
  bridge: true,
  inbound_permitted: [
    { address: 'mindMaps.list' },
    { address: 'mindMaps.save' },
    { address: 'mindMaps.delete' },
    { address_re: 'mindMaps\\.editor\\..+' }
  ],
  outbound_permitted: [
    { address_re: 'mindMaps\\.events\\..+' }
  ]
});
container.deployModule("io.vertx~mod-mongo-
  persistor~2.0.0-final", {
  address: "mindMaps.persistor",
  db_name: "mind_maps"
});
container.deployVerticle('mindmaps.js');
container.deployVerticle('mindmap_editor.js');
```

버텍스를 시작하거나 재시작해서 모든 것이 제대로 배포됐는지 확인한다.

```
vertx run app.js
```

클라이언트

이제 편집기의 클라이언트 쪽 구현에 집중해보자. 사용자가 목록에서 마인드 맵을 클릭하면 마인드 맵의 내용을 볼 수 있게 하려고 한다. 마인드 맵의 내용은 사용자가 변경한 내용이 실시간으로 갱신되어야 한다. 그래서 노드 추가,

노드 이름 변경, 노드 삭제, 세 개의 편집 기능을 처리할 수 있어야 한다.

인기 있는 D3 자바스크립트 라이브러리를 사용해서 마인드 맵을 보여줄 것이다. 앞으로 진행하는 내용을 따라가기 위해 D3 라이브러리를 잘 알아야 할 필요는 없다. 알아야 할 내용의 대부분은 D3가 제이쿼리와 비슷한 개념을 기반으로 한다는 것이다. HTML 문서의 일부를 선택하고 속성을 변경하거나 태그를 추가, 삭제하거나 이벤트 핸들러를 붙여서 조작할 수 있다.

D3와 제이쿼리의 가장 큰 차이점은 D3는 데이터 바인딩을 지원한다는 것이다. 선택한 태그에 자바스크립트 데이터를 붙일 수 있다. 예를 들어 HTML 목록 태그에 자바스크립트 배열을 붙일 수 있다. 그리고 선택한 태그에 추가해서 아직 화면에 보이지 않는 배열의 아이템이 어떻게 렌더링돼야 하는지 정의할 수 있다.

D3에는 이것보다 훨씬 더 많은 기능이 있지만, 여기서는 기초적인 내용만 다룬다. 코드를 커스터마이징하거나 D3에 대해 더 자세히 알고 싶다면 http://d3js.org/에서 문서를 참조하기 바란다.

마인드 맵 편집기 파일

코드를 깔끔하게 유지하기 위해 별도의 자바스크립트 파일에 클라이언트 쪽의 편집 기능을 추가하자. 모든 편집 기능을 처리하는 MindMapEditor 객체를 구현할 것이다. 사용자가 마인드 맵을 열면 이 객체를 생성한다.

프로젝트의 web 서브 디렉토리에 editor.js 파일을 생성한다. 그리고 파일에 다음 내용을 추가한다.

```
function MindMapEditor(mindMap, eventBus) {
  this.mindMap = mindMap;
  this.eventBus = eventBus;
  alert("Editor constructed");
}
```

이 코드는 마인드 맵 편집기의 생성자 함수다. 편집할 마인드 맵과 버텍스 이벤트 버스의 참조 객체, 두 개의 인자로 생성자를 호출한다.

지금은 일단 자바스크립트 경고 창만 띄워서 제대로 초기화됐는지 확인할 수 있게 한다.

HTML 수정

index.html 페이지에 다음의 세 가지 변경이 필요하다.

● D3 자바스크립트 라이브러리를 추가한다. '2장, 버텍스 웹 애플리케이션 개발'에서 제이쿼리와 이벤트 버스를 로드할 때와 마찬가지로 클라우드 플레어 자바스크립트 CDN에서 로드할 수 있다.

● editor.js 파일을 포함해야 한다.

● 편집기가 위치할 HTML 태그가 필요하다.

index.html 파일에 위의 내용을 추가하면 코드는 다음과 같이 된다.

```
<!DOCTYPE html>
<html lang="en">
<head>
  <meta charset="utf-8">
</head>
<body>
  <ul class="mind-maps">
  </ul>
  <h2>Create a Mind Map</h2>
  <form class="create-form">
    <input type="text" name="name">
    <input type="submit" value="Create">
  </form>
  <section class="editor">
  </section>
  <script src="//cdnjs.cloudflare.com/ajax/libs/sockjs-client/
```

```
    0.3.4/sockjs.min.js"></script>
  <script src="//cdnjs.cloudflare.com/ajax/libs/vertx/
    2.0.0/vertxbus.min.js"></script>
  <script src="//cdnjs.cloudflare.com/ajax/libs/
    jquery/2.0.3/jquery.min.js"></script>
  <script src="//cdnjs.cloudflare.com/ajax/libs/d3/3.0.1/
    d3.v3.min.js"></script>
  <script src="/editor.js"></script>
  <script src="/client.js"></script>
</body>
</html>
```

편집기 열기

이제 각 마인드 맵의 편집기 링크를 구현하자. 목록에서 마인드 맵의 이름을
클릭하면 편집기가 열릴 것이다. '2장, 버텍스 웹 애플리케이션 개발'에서 마
인드 맵의 이름을 <span> 태그로 감쌌다. 이 태그를 <a> 태그로 변경하고 편집
기를 열 클릭 핸들러를 붙이자.

web/client.js 파일에 renderListItem 함수의 내용을 다음과 같이 변경한다.

```
var renderListItem = function(mindMap) {
  var li = $('<li>');
  var openMindMap = function() {
    new MindMapEditor(mindMap, eb);
    return false;
  };
  var deleteMindMap = function() {
    eb.send('mindMaps.delete', {id: mindMap._id}, function() {
      li.remove();
    });
    return false;
  };
  $('<a>').text(mindMap.name).attr('href', '#').
    on('click',openMindMap).appendTo(li);
```

```
 $('<button>').text('Delete').on('click', deleteMindMap).
    appendTo(li);
 li.appendTo('.mind-maps');
};
```

마인드 맵 이름을 클릭하면 마인드 맵과 이벤트 버스 객체를 인자로 `MindMap Editor` 생성자 함수를 호출할 것이다.

client.js 파일에서 변경할 것은 이것뿐이다. 모든 편집 기능은 editor.js에 포함될 것이다.

브라우저에서 애플리케이션을 열면 마인드 맵 목록에서 아이템을 클릭해서 각 아이템별로 경고 창이 뜨는 것을 볼 수 있다.

명령어 전송

D3에 대해 자세히 알아보기 전에 사전 작업을 해야 한다. 편집기에서 마인드 맵 편집 명령어를 이벤트 버스로 보내야 한다. 이를 위해 다음 함수를 web/editor.js에 있는 `MindMapEditor` 객체의 프로토타입에 추가한다.

```
MindMapEditor.prototype.addNode = function(parentNode) {
  this.eventBus.send('mindMaps.editor.addNode', {
    mindMapId: this.mindMap._id,
    parentKey: parentNode.key
  });
}
MindMapEditor.prototype.renameNode = function(node, newName) {
  this.eventBus.send('mindMaps.editor.renameNode', {
    mindMapId: this.mindMap._id,
    key: node.key,
    newName: newName
  });
}
MindMapEditor.prototype.deleteNode = function(parentNode,
  childNode) {
```

```
    this.eventBus.send('mindMaps.editor.deleteNode', {
      mindMapId: this.mindMap._id,
      parentKey: parentNode.key,
      key: childNode.key
    });
}
```

위의 코드는 직관적이다. 각 기능에 대해 명령어 객체를 생성하고 명령어를 이벤트 버스로 보내는 것이 전부다.

이벤트 처리

명령어와 마찬가지로 들어오는 이벤트를 처리하는 것이 필요하다. 마인드 맵의 주소를 이벤트 버스에 등록하고 마인드 맵 데이터 구조를 변경해서 서버에서 데이터를 맞춰보는 것이 필요하다.

먼저 alert 호출을 registerEventHandlers 함수로 바꿔서 MindMapEditor 생성자를 변경한다.

```
function MindMapEditor(mindMap, eventBus) {
  this.mindMap = mindMap;
  this.eventBus = eventBus;
  this.registerEventHandlers();
}
```

다음에 registerEventHandlers 함수를 구현한다. 이 함수에서 이벤트 버스에 핸들러 함수를 등록하고 처리하는 이벤트의 타입을 검사한다. 이벤트 타입에 따라 다른 핸들러 함수를 호출한다.

```
MindMapEditor.prototype.registerEventHandlers = function() {
  var self = this;
  this.eventBus.registerHandler
    ('mindMaps.events.'+self.mindMap._id, function(event) {
    switch (event.event) {
      case 'nodeAdded': self.onNodeAdded(event); break;
```

```
        case 'nodeRenamed': self.onNodeRenamed(event); break;
        case 'nodeDeleted': self.onNodeDeleted(event); break;
      }
    });
}
```

세 개의 핸들러 함수는 서버에서 구현한 것과 거의 비슷하다. 로컬 마인드 맵 데이터 구조에 변경 사항(추가, 이름 변경, 삭제)을 적용하는 것 뿐이다.

```
MindMapEditor.prototype.onNodeAdded = function(event) {
  var parent = findNodeByKey(this.mindMap, event.parentKey);
  if (parent) {
    if (!parent.children) {
      parent.children = [];
    }
    parent.children.push(event.node);
  }
}
MindMapEditor.prototype.onNodeRenamed = function(event) {
  var node = findNodeByKey(this.mindMap, event.key);
  if (node) {
    node.name = event.newName;
  }
}
MindMapEditor.prototype.onNodeDeleted = function(event) {
  var parent = findNodeByKey(this.mindMap, event.parentKey);
  if (parent) {
    for (var i=0 ; i<parent.children.length ; i++) {
      if (parent.children[i].key === event.key) {
        parent.children.splice(i, 1);
        return;
      }
    }
  }
}
```

findNodeByKey 함수 공유

이벤트 핸들러 함수가 findNodeByKey 함수를 사용하고 있는 것을 알고 있을 것이다. 이 함수는 서버 쪽에 있는 `mindmap_editor.js` 버티클에 구현했고 브라우저 코드에는 아직 구현하지 않았다.

web/editor.js에 그대로 복사해서 붙여 넣을 수도 있다. 그러나 코드를 공유하여 더욱 깔끔히 처리할 수 있다. 이것은 서버와 브라우저가 같은 프로그래밍 언어를 사용함으로써 얻을 수 있는 큰 장점이다.

버텍스에서 자바스크립트 코드를 공유하는 것은 매우 간단하다. 서버와 클라이언트 양쪽에서 모두 동작하는 코드의 자바스크립트 파일만 있으면 된다(이 코드는 HTML 조작과 같은 브라우저에서만 동작하는 API나 버텍스의 서버측 API를 사용해서는 안 된다). findNodeByKey 함수는 이러한 요구사항에 딱 들어맞는다.

버텍스는 자바스크립트 코드에서 CommonJS 모듈 표준을 사용하고, 이 표준은 자바스크립트 파일(또는 모듈) 사이에서 코드를 공유하는 메커니즘에 대해 정의하고 있다. 모든 CommonJS 모듈은 exports라는 이름의 객체가 있다. 함수나 변수를 모듈의 외부에 노출하고 싶을 때 exports 객체에 붙이기만 하면 된다.

문제는 웹 브라우저가 현재 이 표준을 구현하고 있지 않다는 점이다. 그래서 브라우저에서 자바스크립트 파일이 모듈을 제대로 로드할 수 있도록 다른 방법이 필요하다. exports 객체가 있는지 확인하고 없다면 브라우저라고 가정하고 전역 window 객체에 할당한다.

web/mindmap_utils.js 파일을 새로 생성하고 `findNodeByKey` 함수를 mindmap_editor.js에서 새로 만든 파일로 옮긴다. 그리고 코드를 수정하면 다음과 같이 된다.

```
if (typeof exports === 'undefined') {
  var exports = window;
}
```

```
exports.findNodeByKey = function(root, key) {
  if (root.key === key) {
    return root;
  } else if (root.children) {
    for (var i=0 ; i<root.children.length ; i++) {
      var match = exports.findNodeByKey(root.children[i], key);
      if (match) {
        return match;
      }
    }
  }
}
```

버티클 제일 위에 `vertx/event_bus` 모듈을 로드한 것과 마찬가지로 새로 만든 모듈을 로드해야 한다.

```
var eventBus = require('vertx/event_bus');
var mindMapUtils = require('web/mindmap_utils');
```

또한 mindmap_editor.js 파일에 있는 findNodeByKey 함수의 참조를 전체 경로를 포함하는 함수명 mindMapUtils.findNodeByKey로 모두 수정해야 한다.

클라이언트에서는 index.html 파일의 editor.js script 태그 앞에 script 태그를 추가해서 파일을 로드할 수 있다.

```
<script src="/mindmap_utils.js"></script>
```

그러면 이제 서버와 브라우저 양쪽에 같은 함수 구현을 가지게 된다.

 서버측에서 버텍스가 로드하는 자바스크립트 파일이 app.js, mindmaps.js, mindmap_editor.js, web/mindmap_utils.js 이렇게 네 개라는 것을 알아두자. 그러나 처음 세 개 파일만 버티클로 실행된다. 마지막 파일은 require 함수를 사용해 mindmap_editor.js 버티클에 로드하는 라이브러리 코드일 뿐이다. 이 파일은 container.deployVerticle을 사용해 배포하지 않는다. 버텍스 애플리케이션의 자바스크립트 파일 개수가 버티클의 숫자와 반드시 같을 필요는 없다.

시각화 초기 설정

이제 D3에서 마인드 맵 시각화를 구현할 모든 준비가 됐다. 결국 우리가 보게 될 화면은 다음과 같다.

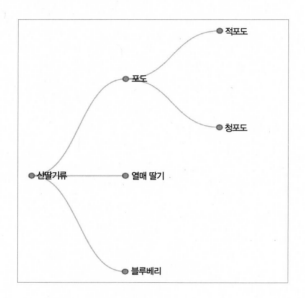

D3의 트리 레이아웃 알고리즘을 사용해서 시각화를 구축할 것이다. 이 알고리즘은 마인드 맵 같은 트리 형식의 데이터를 시각화하는 데 적합하다. 알고리즘에 대한 설명은 https://github.com/mbostock/d3/wiki/Tree-Layout 사이트를 참조하기 바란다.

D3에서 HTML이나 SVG 시각화를 만들 수 있다. SVG가 다양한 시각화 요소를 생성하기 쉽기 때문에 여기서는 SVG를 사용할 것이다.

SVG(Scalable Vector Graphics)[1]는 XML 마크업으로 벡터 그래픽을 표현하는 표준이다. 대부분의 공통 그래픽 기본 형식(선, 원, 타원, 다각형, 다각선)을 지원하고 기본 형식을 그룹화해서 좀 더 복잡한 그룹을 만들 수 있다. SVG는 XML 문서 단독으로 저장할 수 있지만, HTML 문서에 내장할 수도 있다. 이 책에서는 HTML 문서에 내장하는 방식을 사용한다. 최근에 나온 모든 웹 브라우저는 HTML에 내장된 SVG 요소를 렌더링할 수 있다. 또한, SVG 요소에 CSS 스타일을 적용하는 것도 가능하다.

노드와 링크를 그리기 위해 다음 시각화 요소를 사용한다.

● 노드를 보여줄 SVG 원 요소

● 노드 이름을 보여줄 SVG 텍스트 요소

● 연결된 노드를 위한 D3 대각선(SVG 경로 요소로 만들어진). https://github.com/mbostock/d3/wiki/SVG-Shapes#wiki-diagonal 사이트를 참조하라.

web/editor.js 파일의 MindMapEditor 객체에 몇 개의 공통 속성을 추가한다.

```
MindMapEditor.width = 1280;
MindMapEditor.height = 800;
MindMapEditor.levelWidth = 150;
MindMapEditor.treeLayout = d3.layout.tree().size
  ([MindMapEditor.height, MindMapEditor.width]);
MindMapEditor.diagonalGenerator = d3.svg.diagonal().projection
  (function(d) { return [d.y, d.x]; });
```

width와 height 속성은 시각화 요소의 크기를 조정한다. levelWidth 속성은 트리에서 한 레벨이 얼마나 넓게 보일지를 결정하는 것으로 노드의 자식 노드가 오른쪽에 150픽셀 크기로 그려질 것이다.

treeLayout 속성은 우리가 정의한 크기의 D3 트리 레이아웃 알고리즘의 인스턴스를 가지고 있다. 이 속성은 노드와 링크의 위치를 계산하기 위해 사용한다. 레이아웃 구현체는 상태를 가지고 있지 않고 어떤 특정 마인드 맵에 연결

---

1 2차원 벡터 그래픽을 표현하기 위한 XML 기반의 파일 형식 – 옮긴이

되지 않기 때문에 모든 마인드 맵에서 공유 인스턴스로 사용할 수 있다.

diagonalGenerator 속성은 D3 대각선 생성기를 가지고 있다. 이것은 두 점 사이의 굽은 선을 생성할 수 있는 객체로 두 노드를 연결하는 선을 그리기 위해 사용할 것이다.

이제 D3 API를 사용할 수 있도록 시각화 초기 설정 함수를 정의하자.

```
MindMapEditor.prototype.initVisualization = function() {
  this.vis = d3.select(".editor").html('').append("svg:svg")
.attr("width", MindMapEditor.width)
.attr("height", MindMapEditor.height)
.append("svg:g")
.attr("transform", "translate(10,0)");
}
```

D3의 select 함수를 사용해 HTML의 컨테이너 섹션 태그를 선택한다. 제이쿼리 태그 선택과 비슷하다는 것을 알아두자. 그리고 html 함수를 공백 문자열로 호출하여 내용을 지운다.

이제 svg 태그를 생성하고 넓이와 높이를 정의한 크기로 설정한다. svg 태그를 HTML 문서의 editor 섹션에 붙인다. svg 태그 안에서 SVG의 g$_{group}$ 태그를 정의하고 약간 오른쪽으로 옮겨서 시각화 요소 왼쪽에 루트 노드의 이름을 위한 약간의 여백이 생길 것이다. g 태그는 시각화를 위한 컨테이너가 될 것이다. 이 컨테이너를 MindMapEditor 객체의 vis 속성에 저장한다.

이번 장의 앞 절에서 만든 MindMapEditor 생성자 함수에서 initVisualization 함수를 호출하도록 수정한다.

```
function MindMapEditor(mindMap, eventBus) {
  this.mindMap = mindMap;
  this.eventBus = eventBus;
  this.registerEventHandlers();
  this.initVisualization();
}
```

시각화 렌더링

퍼즐의 마지막 조각은 실제 시각화된 마인드 맵을 렌더링하고 편집하는 기능이다. D3는 이러한 것을 매우 쉽게 할 수 있게 해주지만 아직 몇 가지 해야 할 단계가 남았다.

필요한 모든 작업은 renderVisualization 함수에서 할 것이다. 다음 코드를 추가한다.

```
MindMapEditor.prototype.renderVisualization = function() {
  var self = this;
  var nodes = MindMapEditor.treeLayout.
    nodes(this.mindMap).reverse();
  nodes.forEach(function(d) { d.y = d.depth *
    MindMapEditor.levelWidth; });
  var node = this.vis.selectAll("g.node")
    .data(nodes, function(d) { return d.key; });
  var nodeEnter = node.enter().append("svg:g")
    .attr("class", "node")
    .attr("opacity", "0")
    .attr("transform", function(d) { return "translate(" + d.y +
    "," + d.x + ")"; });
  nodeEnter.append("svg:circle").attr("r", 4.5)
    .style("fill", "lightsteelblue")
    .on("click", function(c) { self.addNode(c); });
  nodeEnter.append("svg:text").attr("x", 10)
    .attr("dy", ".35em").text(function(d) { return d.name; })
    .on("click", function(d) {
      var text = prompt('Enter the name of this node', d.name);
      if (text) {
        self.renameNode(d, text);
      }
    });
  node.transition().attr("opacity", "1")
    .attr("transform", function(d) { return "translate(" + d.y +
    "," + d.x + ")"; })
    .select("text")
```

```
          .text(function(d) { return d.name; });
     node.exit().remove();
     var link = this.vis.selectAll("path.link")
        .data(MindMapEditor.treeLayout.links(nodes), function(d) {
            return d.target.key; });
     link.enter().insert("svg:path", "g")
        .attr("class", "link")
        .attr("opacity", "0")
        .attr("d", MindMapEditor.diagonalGenerator)
        .on('click', function(l) {
            self.deleteNode(l.source, l.target);
        });
     link.transition()
        .attr("d", MindMapEditor.diagonalGenerator)
        .attr("opacity", "1");
     link.exit().remove();
}
```

코드가 매우 많다! 한 문장 한 문장씩 코드를 살펴보자.

먼저 this 객체(MindMapEditor 객체)를 지역 변수에 선언해서 내부 함수에서 사용할 수 있도록 한다.

```
var self = this;
```

다음에 D3 트리 레이아웃 알고리즘을 호출해서 마인드 맵을 보여줄 수 있도록 노드를 생성한다. D3 트리 레이아웃 알고리즘은 기본적으로 각 노드에 children이라는 이름으로 선언된 배열을 가진 객체 그래프를 기대한다. 이것은 마인드 맵 데이터 구조와 정확히 일치한다.

```
var nodes = MindMapEditor.treeLayout.nodes(this.mindMap).reverse();
```

그리고 각 노드의 수평 위치를 조정해서 마인드 맵의 단계별 넓이를 맞춘다. y 값을 사용해서 수평 위치를 조정하는 것이 좀 이상하게 보일 것이다. 트리 레이아웃 알고리즘이 위에서부터 아래로 내려가는 형태의 트리를 가정하지만 마인드 맵은 왼쪽에서 오른쪽으로 가는 형태의 트리이기 때문이다. 그래서 좌표

축을 뒤집어야 한다.

```
nodes.forEach(function(d) { d.y = d.depth * MindMapEditor.levelWidth; });
```

그래프의 각 노드는 node라는 이름의 CSS 클래스가 선언된 SVG의 g 태그가된다. 이 태그를 문서에서 모두 선택해 data 함수를 호출해서 데이터에 연결한다. data 함수의 두 번째 인자는 D3가 사용할 키 함수로, 각 노드를 처리하기위한 단일 키를 가질 수 있다 이 함수의 리턴 값으로 마인드 맵 노드의 key 속성을 사용한다.

```
var node = this.vis.selectAll("g.node")
    .data(nodes, function(d) { return d.key; });
```

새로운 노드가 생성되면 SVG의 g 태그를 생성해야 한다. 그러기 위해 D3의enter 함수를 사용하고 새로운 태그에 적용할 변환을 연쇄적으로 호출한다.이 경우에 g 태그에 node라는 이름의 CSS 클래스를 추가하고 레이아웃 알고리즘에서 정의한 위치를 설정하고 불투명도를 0으로 한다. 각 노드는 처음에투명한 상태로 만들어지고 잠시 후에 보이게 만들 것이다.

```
var nodeEnter = node.enter().append("svg:g")
  .attr("class", "node")
  .attr("transform", function(d) { return "translate(" + d.y +
  "," + d.x + ")"; }).attr("opacity", "0");
```

노드 그룹(g 태그)에서 노드의 콘텐츠를 정의해야 한다. 첫 번째는 그래프에서노드를 표시할 원으로 이것은 반경 4.5의 SVG circle 태그가 될 것이다.

사용자는 노드를 클릭해서 자식 노드를 추가할 수 있다. 클릭 이벤트에 대한이벤트 핸들러를 원에 추가한다. 핸들러는 앞에서 정의한 함수를 호출한다.

```
nodeEnter.append("svg:circle")
  .attr("r", 4.5)
  .on("click", function(d) { self.addNode(d); });
```

노드의 두 번째 콘텐츠는 마인드 맵의 이름이다. 이것은 x 속성의 값을 10(노드 그룹의 왼쪽 끝에서부터 계산하는), 높이 값이 .35em이고, 노드명을 콘텐츠로 하는 SVG의 text 태그로 정의한다. 사용자는 이름을 클릭해서 노드명을 바꿀 수 있다. 클릭하면 새 이름을 입력받는 프롬프트가 나올 것이다. 입력 결과는 노드와 함께 renameNode 함수로 보내진다.

```
nodeEnter.append("svg:text")
  .attr("x", 10)
  .attr("dy", ".35em")
  .text(function(d) { return d.name; })
  .on("click", function(d) {
    var text = prompt('Enter a name for this node', d.name);
    if (text) {
      self.renameNode(d, text);
    }
  });
```

D3의 transition 함수를 사용해서 노드가 투명 상태에서 보이도록 할 것이다. 이 함수는 전에 사용했던 selectAll 함수와 비슷하다. 최종 값을 바로 적용하는 대신에 시간에 걸쳐 변화하는 모습이 보이게 할 것이다. 불투명도와 노드의 위치를 동시에 변화시킬 것이다. 또한, 노드 명도 같이 변경해서 노드의 이름이 변할 때 화면에 표시될 것이다.

```
node.transition()
  .attr("opacity", "1")
  .attr("transform", function(d) { return "translate(" + d.y + ","
    + d.x + ")"; })
  .select("text")
    .text(function(d) { return d.name; });
```

마지막 남은 작업은 노드가 삭제될 때 어떻게 할지 정의하는 것이다. node 태그를 완전히 삭제하기만 하면 된다.

```
node.exit().remove();
```

시각화의 두 번째 부분은 노드를 연결하는 링크다. 각 링크는 소스(마인드 맵의 부모)와 타깃(마인드 맵의 자식), 두 개의 노드를 연결한다. CSS 클래스명을 link로 선언한 SVG의 path 태그로 링크를 그릴 것이다. 초기화 작업은 노드와 비슷하다. 레이아웃 알고리즘에서 링크를 가져오고 data 함수를 사용해 SVG 태그에 연결할 수 있다. 링크의 키로 타깃 노드의 키를 사용한다.

```
var link = this.vis.selectAll("path.link")
  .data(MindMapEditor.treeLayout.links(nodes), function(d) {
    return d.target.key; });
```

새로운 링크를 위해 path 태그를 생성하고 CSS 클래스명을 link로 설정하고 opacity를 0으로 설정해서 초기에는 투명하게 만든다. path 태그의 점은 diagonalGenerator 객체가 정의한다.

사용자는 노드에 연결된 링크를 클릭해서 노드를 삭제할 수 있다. 링크에 클릭 핸들러를 붙여서 이러한 기능을 추가하고 소스 노드(부모)와 타깃 노드(삭제할 노드)를 인자로 deleteNode 함수를 호출한다.

```
link.enter().insert("svg:path", "g")
  .attr("class", "link")
  .attr("opacity", "0")
  .attr("d", MindMapEditor.diagonalGenerator)
  .on('click', function(l) {
    self.deleteNode(l.source, l.target);
  });
```

노드와 비슷하게 링크의 위치와 불투명도가 변화하면서 사용자에게는 부드럽게 사라지는 것으로 보여진다.

```
link.transition()
  .attr("d", MindMapEditor.diagonalGenerator)
  .attr("opacity", "1");
```

또한 삭제된 링크는 화면에서 완전히 삭제된다.

```
link.exit().remove();
```

D3 코드가 만들어내는 SVG 구조에 대해 더 잘 이해하기 위해 다음 마크업을 살펴보자. 두 개의 자식 노드를 갖고 있는 루트 노드(명확하게 이해할 수 있도록 주석을 달았다)로 구성된 간단한 마인드 맵에서 만들어진 마크업이다.

```
<!-- The root SVG element with the dimensions we've configured -->
<svg width="1280" height="800">
  <!-- All content wrapped in a simple g (group), moved
    slightly to the right -->
  <g transform="translate(10,0)">
  <!-- The links between the root and the two children, as
    SVG paths with CSS class link. The coordinates of the
     path generated by the diagonal generator -->
    <path class="link" opacity="1" d="M0,400C75,400 75,200
      150,200"></path>
    <path class="link" opacity="1" d="M0,400C75,400 75,600
      150,600"></path>
    <!-- The nodes themselves. Each one is a g (group) with CSS
      class node. The group is translated to the position
      of the node (calculated by the tree layout). In each
      groups there's the node circle and the text label.
      Note that elements in a group use coordinates relative
      to the group parent, not the whole SVG element -->
    <g class="node" transform="translate(150,600)" opacity="1">
      <circle r="4.5" style="fill: #b0c4de;"></circle>
      <text x="10" dy=".35em">Strawberries</text>
    </g>
    <g class="node" transform="translate(150,200)" opacity="1">
      <circle r="4.5" style="fill: #b0c4de;"></circle>
      <text x="10" dy=".35em">Grapes</text>
    </g>
    <g class="node" transform="translate(0,400)" opacity="1">
      <circle r="4.5" style="fill: #b0c4de;"></circle>
      <text x="10" dy=".35em">Berries</text>
    </g>
  </g>
</svg>
```

렌더 함수 호출

마지막으로 renderVisualization 함수를 호출하는 코드를 추가해야 한다.

편집기가 처음 열릴 때 마인드 맵을 렌더링해야 한다. MindMapEditor 생성자를 호출하는 부분에 코드를 추가하면 된다.

```
function MindMapEditor(mindMap, eventBus) {
  this.mindMap = mindMap;
  this.eventBus = eventBus;
  this.registerEventHandlers();
  this.initVisualization();
  this.renderVisualization();
}
```

또한, 이벤트가 발생해서 변화가 생길 때마다 마인드 맵을 다시 그려야 한다. 이벤트 핸들러 함수에서 렌더링 함수를 호출하면 된다.

```
MindMapEditor.prototype.registerEventHandlers = function() {
  var self = this;
  this.eventBus.registerHandler
    ('mindMaps.events.'+self.mindMap._id, function(event) {
    switch (event.event) {
      case 'nodeAdded': self.onNodeAdded(event); break;
      case 'nodeRenamed': self.onNodeRenamed(event); break;
      case 'nodeDeleted': self.onNodeDeleted(event); break;
    }
    self.renderVisualization();
  });
}
```

시각화 스타일링

브라우저에서 마인드 맵을 보면 그다지 보기 좋지 않다. 기본 SVG 스타일링은 데이터를 멋지게 보여주지는 않는다. CSS 스타일링을 추가해서 이 문제를 해결할 수 있다.

web 서브 디렉토리에 style.css 파일을 생성한다. 다음 내용을 파일에 추가한다.

```css
.node circle {
  cursor: pointer;
  fill: lightsteelblue;
  stroke: steelblue;
  stroke-width: 1.5px;
}
.node text {
  font-size: 11px;
}
path.link {
  cursor: pointer;
  fill: none;
  stroke: #ccc;
  stroke-width: 1.5px;
}
```

노드 원 모양을 파란색으로 하고 노드 명은 11px의 폰트 크기, 링크는 1.5px 두께의 회색 선으로 꾸민다. 마우스 커서의 모양을 바꿔서 사용자가 노드나 링크 위에 마우스 포인터를 움직였을 때 클릭할 수 있다는 것을 알려준다.

web/index.html 파일의 head 태그에 다음 행을 추가해서 CSS 파일을 애플리케이션에 포함한다.

```html
<link rel="stylesheet" href="style.css"/>
```

편집기 테스트

마인드 맵 편집기를 완성했다! 편집기를 사용해서 마인드 맵을 생성하고 편집할 수 있다.

여러 개의 브라우저를 띄우고 같은 마인드 맵을 열고 수정해서 실시간 기능이 제대로 동작하는지 확인할 수 있다. 또한 몇 명의 친구와 같이 테스트해서 실시간 편집이 어떻게 동작하는지 볼 수 있다.

정리

4장에서는 매우 많은 내용을 다뤘다! 단순한 CRUD 인터페이스에서 완전한 기능을 갖춘 실시간 웹 애플리케이션으로 확장했다. 코드 양이 두 배가 됐지만, 애플리케이션이 하는 일을 생각해보면 그다지 많은 것은 아니다. 4장을 통해 버텍스 플랫폼(물론 제이쿼리와 D3 라이브러리에서 약간의 도움을 받았다)의 강력함을 알 수 있다.

4장에서는 다음 내용을 다뤘다.

- 실시간 애플리케이션을 위한 명령어 이벤트 분리 패턴
- 버텍스 자바스크립트 코드에 자바 API 사용하기
- 이벤트 버스의 발행 구독 패턴 사용
- 정규식을 사용해 이벤트 버스 브릿지에 허용되는 이벤트 정의
- 서버와 클라이언트 간의 자바스크립트 코드 공유
- D3 라이브러리를 사용해서 트리 구조 시각화

5장에서는 자바 버티클을 추가하고 기존의 코드와 연동해서 버텍스의 다양한 언어 지원 기능을 살펴본다. 또한, 모듈에 대해 알아보고 모듈이 코드를 조직화하고 분산화하는 데 어떻게 도움을 줄 수 있는지 알아본다.

5
다양한 언어 지원과
모듈 개발

이제 애플리케이션이 필요한 기능을 다 갖췄으며, 협업하여 마인드 맵을 작성하는 데 이 애플리케이션을 사용할 수 있게 되었다. 하지만, 놓치고 있는 중요한 기능이 하나 있다. 완료한 마인드 맵을 애플리케이션 외부에서 사용할 방법이 없다. 마인드 맵을 이미지로 저장하는 기능은 매우 유용하며, 이 기능을 통해 마인드 맵을 이메일로 보내거나 출력 또는 웹 사이트에 업로드할 수 있다. 이 장에서는 이미지 저장 기능을 구현할 것이다. 마인드 맵 SVG 포맷을 받아, 마인드 맵 PNG 이미지 파일로 변환하는 서비스를 구현할 것이다. SVG 생성을 위해 아파치 바틱_{Apache Batik} 라이브러리를 사용할 것이다. 이러한 과정을 통해 버텍스 애플리케이션에서 자바 라이브러리를 어떻게 사용하는 살펴볼 것이다. 자바스크립트 대신에 자바로 파일 내보내기 기능을 구현하고, 이 구현체를 워커 버티클인 독립된 버텍스 모듈로 패키지화할 것이다.

버텍스 모듈과 재사용

지금까지 봤던 것처럼, 버텍스 애플리케이션의 컴포넌트들은 버티클로 구성되어 있다. 버티클은 서로 직접 통신하지 않는 응집력이 있지만 분리된 실행 단위다.

다음은 버티클을 프로젝트에 배포하고, 독립적인 단위로 개발하는 방법에 대해 살펴볼 것이다.

버티클은 바이너리가 아닌 소스 파일이기 때문에, 이 파일을 다른 프로젝트에 복사해 넣거나, 손수 배포하여 버티클을 재사용할 수 있다. 하지만, 버텍스는 모듈이라는 재사용을 위한 상위 수준의 개념을 갖고 있기 때문에 다행히 이렇게 할 필요가 없다.

버텍스 모듈은 버티클과 하나의 단위로 패키지화한 코드의 모음이며, 다른 버텍스 모듈 또는 애플리케이션이 이 모듈을 참조한다.

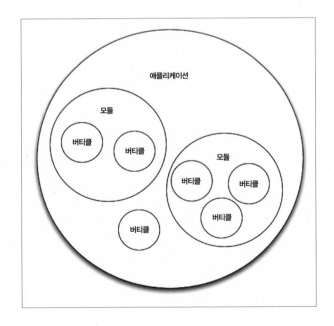

모듈 구조는 매우 단순하다. 모듈 디스크립터 파일descriptor file과 모듈 코드(보통 하나 이상의 버티클 형태), 그리고 그 밖에 리소스로 구성된 디렉토리로 되어 있다.

모듈 디스크립터는 단순한 JSON 파일이며, 파일명은 항상 mod.json이다. 이 파일 안에 의존성, 라이선스, 작성자와 같은 모듈에 대한 일반적인 정보를 정의한다.

모든 버텍스 모듈은 이름과 버전이 있다. 버텍스 애플리케이션에서 모듈을 사용할 때, 사용할 모듈의 이름과 버전을 모두 지정해줘야 한다.

이는 여러 다른 프로그램 언어의 패키지 관리 방식과 유사하다. 예를 들어, 자바의 메이븐 의존성 또는 루비의 젬Gem 의존성에 친숙하다면 버텍스 역시 비슷하다는 것을 알게 될 것이다.

지금까지 애플리케이션에서 웹 서버 모듈과 몽고 퍼시스터 모듈, 두 가지 모듈을 사용해봤으며, 이 모듈은 app.js 배포 버티클에서 설정을 했다. 이 장에서 직접 모듈을 작성하고 애플리케이션에 추가를 해볼 것이다. 모듈을 작성하는 것은 단순한 버텍스 애플리케이션이 아닐 때 권장하는 방식이다. 애플리케이션을 고유의 기능을 수행하는 모듈의 모음으로 분리한다.

 모듈 배포

이 책에서 진행하고 있는 프로젝트 전반에 걸쳐 모듈을 사용하지는 않았지만, 대부분의 버텍스 개발자라면 언젠가 사용할 것이라 기대한다. 버텍스는 버텍스 모듈 저장소를 통해 모듈을 배포한다.

'3장, 데이터베이스 연동'에서 설명했듯이, 버텍스는 메이븐 의존성 관리 인프라를 통해 모듈을 배포하고 있다. 다른 개발자들이 모듈을 다운로드할 수 있도록, 버텍스 모듈을 개인 또는 공개 메이븐 저장소에 올려 놓을 수 있다. 모듈 배포를 쉽게 처리할 수 있도록, 버텍스는 메이븐과 그래들(Gradle) 빌드 툴을 위한 프로젝트 템플릿을 제공하고 있다. http://vertx.io에서 메이븐과 그래들 매뉴얼을 살펴보기 바란다.

모듈을 오픈소스 프로젝트로 공개하길 원하면 버텍스 모듈 레지스트리(http://modulereg. vertx.io)에 모듈을 등록할 수 있다. 다른 버텍스 사용자는 이 버텍스 모듈 레지스트리로부터 원하는 모듈을 찾을 수 있다.

모듈 생성

이미지 생성 모듈은 다른 프로젝트에서 재사용하지 않기 때문에, 가장 쉬운 방법으로 모듈을 생성할 것이다. 모듈 배포 없이 바로 현재 애플리케이션 디렉토리 안에 두는 것이다.

프로젝트의 mods 디렉토리를 살펴보면, 두 개 하위 디렉토리인 io.vertx ~mod-mongo-persistor~2.0.0-final과 io.vertx~modweb-server~v2.0.0-final 을 볼 수 있을 것이다.

이것은 4장에서 버텍스가 공개 모듈 레지스트리에서 다운로드한 모듈이다.

 버텍스 모듈 디렉토리 이름은 [패키지]~[이름]~[버전] 명명 규칙을 따른다. 이 명명 규칙은 모듈이 배포될 때, 이름이 중복되는 것을 방지하기 위해 자바에서 패키지 명을 도메인 이름의 역순으로(io.vertx) 사용하는 것과 같은 방식을 권장한다.

이번에 작성할 새로운 모듈을 mods 디렉토리에 추가해보자.

모듈 디렉토리

다음 명령어로 모듈 디렉토리를 생성한다.

```
mkdir -p mods/com.vertxbook~mod-svg2png~1.0
```

여기서 com.vertxbook은 모듈의 패키지명, mod-svg2png는 모듈 이름, 1.0 은 모듈의 버전이다.

모듈 디스크립터

앞으로 만들 모듈은 실행 가능 모듈Runnable module로 deployModule 함수를 사용해 배포할 수 있다(웹 서버 모듈과 몽고 퍼시스터와 같이). 실행 가능 모듈이 실행될

116

때, 최초 실행될 메인 버티클을 정의해야 한다.

또한 PNG 이미지 생성 작업은 실행하는 데 시간이 많이 걸리므로 워커 모듈로 실행되어야 한다. 다음 팁에서 워커 모듈에 대해 살펴보기 바란다.

 워커 버티클

'2장, 버텍스 웹 애플리케이션 개발'에서 설명했듯이, 버텍스는 버티클 코드가 실행될 위치와 시기를 제어하는 데 중점을 둔 병렬처리 모델을 갖고 있다. 이 병렬처리 모델에서 중요한 부분은 리액터(reactor)에 대한 개념이다. 각 버티클은 특정 리액터 이벤트 루프 안에서 실행되며, 서버의 CPU 코어 개수에 따라 버텍스 인스턴스 안에서 이벤트 루프 개수가 제한된다.

이 모델의 유의해야 할 점 중 하나는 리액터 이벤트 루프에서 구동 중인 버티클이 오랜 시간 동안 이벤트 루프를 점유해서는 안 된다. 한 버티클이 이벤트 루프에서 오랜 시간을 사용하면, 다른 버티클은 처리를 못하게 되고 이 버티클이 리액터를 점유해버린다. 즉, 일반적인 버티클은 IO 연산을 위해 대기하거나 CPU 사용시간이 긴 작업을 하는 코드를 실행해서는 안된다. 이와 같은 코드를 위해, 버텍스는 이벤트 루프 밖의 독립된 백그라운드 스레드 풀에서 실행되는 워커 버티클이란 개념을 제공하고 있다. 워커 버티클은 이벤트 버스를 통해 다른 버티클과 통신이 가능하지만, 일반적인 버티클과 같이 특정 스레드에 할당될 수 없다. 워커 버티클은 버텍스 병렬처리 모델을 엄격히 따르지 않기 때문에 병렬처리 모델의 확장성에 관한 장점을 가질 수 없다. 이 때문에, 꼭 필요할 때만 선별해서 사용하길 권장한다.

모듈 디렉토리에 mod.json 모듈 디스크립터 파일을 생성하고, 다음 내용을 추가한다.

```
{
  "main": "PNGExporter.java",
  "worker": true
}
```

여기서 PNGExporter.java를 메인 버티클로 설정한다. 다음 '모듈 구현' 절에서 이 메인 버티클을 만들 것이다. 모듈 디스크립터에 설정할 수 있는 항목이 많이 있지만, 이번에 추가할 내용은 이것이 전부이다. 모듈 설정에 관한 상세한 정보를 원한다면 http://vertx.io에 있는 버텍스 모듈 매뉴얼을 살펴보기 바란다.

라이브러리

SVG에서 PNG로 변환하는 코드에서 SVG 문서 처리 자바 툴킷인 아파치 바틱 라이브러리(http://xmlgraphics.apache.org/batik/)를 사용할 것이다. 바틱은 많은 기능을 가진 라이브러리이지만, 여기서는 SVG 문서를 PNG 이미지로 변환하는 한 가지 기능만 사용할 것이다. 바틱 라이브러리를 다운로드해서 애플리케이션에 추가해야 한다. 실제로 바틱 JAR 파일을 모듈 클래스패스상에 둬야 한다. 버텍스는 lib 디렉토리에 있는 JAR 파일을 모듈 클래스패스에 추가해야 하는 것을 알고 있기 때문에 바틱 라이브러리 JAR 파일을 이 디렉토리에 둘 것이다.

다음 명령어를 통해 모듈을 위한 lib 디렉토리를 생성한다.

```
mkdir -p mods/com.vertxbook~mod-svg2png~1.0/lib
```

웹 브라우저에서 http://xmlgraphics.apache.org/batik/download.html을 열어, 최신 바틱 라이브러리를 찾고 다운로드한 후 적절한 곳에 압축을 푼다.

압축이 풀린 디렉토리에 가보면, 여러 JAR 파일이 들어 있는 lib를 볼 수 있을 것이다. 이 디렉토리에 있는 모든 파일을 방금 생성한 lib 디렉토리에 복사한다.

```
cp [batik_dir]/lib/*.jar mods/com.vertxbook~mod-svg2png~1.0/lib
```

 여러 버텍스 모듈에서 같은 자바 라이브러리를 사용해야 할 때, 이 JAR 파일을 계속 복사해서 사용하면 관리하기가 매우 어렵게 된다. 메이븐 저장소에서 자바 라이브러리를 바로 가져올 수는 없지만, 이런 제약사항을 우회할 수 있는 좋은 방법이 있다.

실행되지 않는 버텍스 모듈로 JAR 파일을 만드는 것이다(어떤 버티클도 없는). 이 모듈을 라이브러리가 필요한 다른 모듈의 의존성으로 정의할 수 있다. 또한 배포를 위해 메이븐 저장소에 업로드할 수 있다. 모듈에 다른 모듈을 포함하는 방법에 대해 더 알고 싶다면, 버텍스 모듈 매뉴얼을 살펴보기 바란다.

모듈 구현

이제 코딩을 시작해보자. 지금까지 해왔던 것처럼 자바스크립트로 모듈을 작성할 수 있지만, 자바 라이브러리 연동 때문에 자바로 코드를 작성하는 것이 적합하다.

자바 버티클은 버텍스 프레임워크에 정의되어 있는 Verticle 클래스를 상속하는 자바 클래스다. 모든 자바 버티클은 버티클이 시작될 때 호출되는 public void start() 메소드를 구현해야 한다.

자바 버티클 구현을 위해 사용하는 내용과 API는 자바스크립트에서 본 것과 거의 유사하다. 자바 언어 본연의 정적인 특성 때문에 좀 더 구조적이며 작성할 내용이 많다.

자바는 컴파일형 언어이지만, 자바 버티클을 실행하기 전에 컴파일할 필요는 없다. 버텍스는 실행 시 소스 파일을 로딩하여 컴파일한다.

mods/com.vertxbook~modsvg2png~1.0 모듈 디렉토리에 PNGExporter. java(mod.json에 기술한 메인 버티클 이름과 동일한) 파일을 생성하고, 다음과 같이 Verticle을 상속하고 public void start () 메소드를 구현하는 기본적인 자바 버티클 구조를 추가한다.

```
import org.vertx.java.platform.Verticle;
public class PNGExporter extends Verticle {
  public void start() {
  }
}
```

인자로 SVG 데이터와 CSS 스타일을 받아 PNG 이미지로 반환하는 이벤트 버스 핸들러를 정의한다. 자바스크립트에서 이벤트 핸들러는 자바스크립트 함수이지만, 자바에서는 Handler 인터페이스 구현체다. 이벤트 버스상에 구현체를 등록해보자.

```java
import org.vertx.java.core.Handler;
import org.vertx.java.core.eventbus.Message;
import org.vertx.java.core.json.JsonObject;
import org.vertx.java.platform.Verticle;

public class PNGExporter extends Verticle {
  public void start() {
    Handler<Message<JsonObject>>exportHandler =
      new Handler<Message<JsonObject>>() {
      public void handle(Message<JsonObject> message) {
        String svg = message.body().getString("svg");
        String css = message.body().getString("css");
        message.reply(new JsonObject().putString("data",
          getPng(svg, css)));
      }
    };
    vertx.eventBus().registerHandler(
      "com.vertxbook.svg2png", exportHandler);
  }
}
```

여기서, exportHandler라는 Handler 인터페이스의 인라인 구현체를 정의했다. Handler는 제네릭 인터페이스로, 이 인터페이스가 처리할 객체 타입을 정의하고 있다. 그 객체는 Message 객체로 이벤트 버스상에서 전달되는 모든 이벤트 객체 타입이다. Message 또한 제네릭 타입으로 이벤트 페이로드의 타입을 정의한다. 이전과 같이 이벤트에 JSON 데이터를 실어 전달할 수 있도록 JsonObject 타입으로 설정한다.

핸들러 구현체에서, 이벤트로부터 JSON 객체를 얻은 후 이 객체에서 svg와 css 속성을 얻을 것이다. 이 속성은 SVG와 CSS 데이터를 가지고 있을 것이다. 이 데이터로부터 getPng() 메소드를 호출한다. 결과 PNG 데이터 값을 data 키 값으로 저장하는 새로운 JSON 객체를 이벤트에 담아 응답으로 보낸다.

마지막으로 버텍스 이벤트 버스에 com.vertxbook.svg2png. 주소로 이 핸들러를 등록한다.

다행히도 이것은 이전에 자바스크립트에서 처리했던 내용과 유사하다. SVG와 CSS 데이터를 인자로 받아 PNG 이미지를 생성하는 메소드를 추가해 버티클을 마무리해보자. 이벤트 버스로부터 수신한 데이터는 JSON 객체이고, JSON은 바이너리 데이터를 지원하지 않기 때문에, 결과를 반환하기 전에 PNG 이미지를 Base64 문자열로 인코딩해야 한다. 이를 위해, 두 개의 헬퍼 메소드도 정의한다.

```java
import java.io.*;
import org.apache.batik.transcoder.*;
import org.apache.batik.transcoder.image.*;
import org.apache.batik.util.*;
import org.vertx.java.core.Handler;
import org.vertx.java.core.eventbus.Message;
import org.vertx.java.core.json.JsonObject;
import org.vertx.java.deploy.Verticle;
public class PNGExporter extends Verticle {

  public void start() {
    Handler<Message<JsonObject>> exportHandler =
      new Handler<Message<JsonObject>>() {
      public void handle(Message<JsonObject> message) {
        String svg = message.body().getString("svg");
        String css = message.body().getString("css");
        message.reply(new JsonObject().putString("data",
          getPng(svg, css)));
      }
    };
    vertx.eventBus().registerHandler(
        "com.vertxbook.svg2png", exportHandler);
  }

  private String getPng(String svg, String css) {
    String cssDataUrl =
      "data:text/css;base64,"+encodeBase64(css);
    try {
      PNGTranscoder transcoder = new PNGTranscoder();
```

```java
            transcoder.addTranscodingHint(
                SVGAbstractTranscoder.KEY_USER_STYLESHEET_URI,
                    cssDataUrl);
            TranscoderInput input = new TranscoderInput(
                new StringReader(svg));
            ByteArrayOutputStream output =
                new ByteArrayOutputStream();
            transcoder.transcode(input,
                new TranscoderOutput(output));
            return encodeBase64(output.toByteArray());
        } catch (TranscoderException te) {
            container.logger().error("Could not convert SVG", te);
            return null;
        }
    }

    private String encodeBase64(String input) {
        return encodeBase64(input.getBytes());
    }

    private String encodeBase64(byte[] input) {
        try {
            ByteArrayOutputStream out =
                new ByteArrayOutputStream();
            Base64EncoderStream encoder =
                new Base64EncoderStream(out);
            encoder.write(input);
            encoder.close();
            return new String(out.toByteArray());
        } catch (IOException ioe) {
            container.logger().error(
                "Could not encode Base64", ioe);
            return null;
        }
    }
}
```

여기까지가 SVG에서 PNG로 변환하는 버티클을 구현한 전체 코드다. 이제 하나씩 새로 추가된 부분을 살펴보자.

- `getPng()` 메소드는 두 가지 인자를 받는다. SVG와 CSS 데이터. Base64로 인코딩된 PNG 이미지 문자열을 반환한다.

- 우선 SVG 문서를 PNG 이미지로 변환하는 바틱 `PNGTranscoder`를 생성한다. 문서를 보기 좋게 하도록, 데이터 URL(http://en.wikipedia.org/wiki/Data_URI_scheme)에 CSS 스타일 시트를 내장하고 Base64로 인코딩하여 트랜스코더에 전달한다.

- 트랜스코더transcoder에 필요한 입/출력을 설정한다. 입력은 `TranscoderInput` 객체로 감싼 SVG 데이터다. 출력은 바틱이 PNG 이미지를 쓸 자바 `OutputStream`이다. 여기서는 추후 PNG 바이트에 접근하기 위해 `ByteArrayOutputStream`을 사용하고 있다.

- 트랜스코더의 `transcode()` 메소드를 호출한다. 이 메소드가 실제로 트랜스코딩 작업을 한다.

- 결과 PNG 바이트 배열을 Base64 문자열로 인코딩 후 반환한다.

- 트랜스코딩 중 발생할 수 있는 예외는 내장된 버텍스 로거를 사용해 로깅한다.

- `encodeBase64` 헬퍼 메소드는 바이트 배열을 Base64 인코딩 문자열로 변환한다. 바틱은 이를 위해 `OutputStream` 구현체인 `Base64EncoderStream`을 갖고 있다. 스트림 대신에 배열과 문자열을 사용하고 있기 때문에, 인코더에 좀 더 편하게 접근하기 위해 이 랩퍼 메소드를 사용할 수 있다.

여기서 container.logger()를 사용해 버텍스 플랫폼이 제공하는 로깅 구현체를 사용했다. 이 로거는 여러 다른 언어와 프레임워크에서 사용하고 있는 로거와 유사하며, 여러 등급을 나누어 메시지를 로깅할 수 있는 메소드를 제공하고 있다(trace, debug, info, warn, error, fatal). 기본적으로 시스템 temp 디렉토리의 vert.x log 파일에 로깅을 한다(tail -f $TMPDIR/vertx.log).

버텍스 로거의 로그파일 위치와 속성은 버텍스 설치 디렉토리에 있는 conf/logging.properties에서 설정할 수 있다. 상세한 내용은 버텍스 메인 매뉴얼을 참조하기 바란다.

모듈 배포

PNG 내보내기 버티클 작성을 완료했지만, 아직 애플리케이션의 다른 부분과 연동하는 부분이 남았다. 버텍스는 모듈을 mods 디렉토리에 자동으로 배포하지 않는다. 항상 명시적으로 배포해줘야 한다. app.js 배포 버티클에서 이번에 작성한 버티클을 배포하는 코드를 추가해보자.

```
var container = require("vertx/container");
container.deployModule("io.vertx~mod-web-server~2.0.0-final", {
  port: 8080,
  host: "localhost",
  bridge: true,
  inbound_permitted: [
    { address: 'mindMaps.list' },
    { address: 'mindMaps.create' },
    { address: 'mindMaps.delete' },
    { address_re: 'mindMaps\\.editor\\..+' },
    { address: 'com.vertxbook.svg2png' }
  ],
  outbound_permitted: [
    { address_re: 'mindMaps\\.events\\..+' }
  ]
});
```

```
container.deployModule("io.vertx~mod-mongo-persistor~2.0.0-final", {
  address: "mindMaps.persistor",
  db_name: "mind_maps"
});

container.deployVerticle('mindmaps.js');
container.deployVerticle('mindmap_editor.js');
container.deployModule('com.vertxbook~mod-svg2png~1.0', null, 3);
```

이전에 웹 서버 모듈과 몽고 퍼시스터 모듈을 배포했던 것처럼, 새로운 모듈을 배포하기 위해 이번에도 deployModule 함수를 호출했다. 함수에 패키지~이름~버전 문자열과 함께 다음 두 가지 인자를 추가로 전달해야 한다.

- 모듈 설정 객체. 이번 모듈은 어떤 설정 정보도 필요 없으므로 null로 설정했다.

- 실행할 모듈 인스턴스 개수. 세 개의 모듈 인스턴스를 실행했다. 이것은 세 개의 내보내기 작업이 병렬로 실행 가능함을 의미한다. 6장에서 이 부분과 성능 튜닝 이슈에 대해 다룰 것이다.

웹 브라우저에서 내보내기 기능을 호출하기 위해, 이벤트 버스 브릿지에 이벤트 핸들러를 등록해야 한다. 버텍스 웹 서버 설정의 inbound_permitted 화이트리스트에 이 주소를 추가하면 된다.

 PNG 내보내기 코드가 모듈로 작성되었지만, PNGExporter.java 버티클은 모듈에 대해 어떤 것도 설정하지 않았다. 이 코드는 일반 버티클이고, 모듈상에 있든 없든 상관이 없다. 사실 모듈 디렉토리에서 vertx run PNGExporter.java를 실행하여 독립된 애플리케이션으로 PNG 내보내기를 실행할 수도 있다.

그러나 이렇게 할 경우, 버텍스는 lib 디렉토리에 추가한 라이브러리의 모듈 명명 규칙을 모르고 있기 때문에 –cp 옵션을 사용해, 명령행에 필요한 모든 JAR 파일을 지정해야 한다.

클라이언트 연동

사용자 인터페이스에서 사용자가 마인드 맵을 열 때, 화면상에 버튼 하나가 나타나길 원한다. 이 버튼을 클릭하면 사용자는 이 마인드 맵의 PNG 이미지를 받게 될 것이다. 이 기능을 추가하기 위해 기존 HTML와 클라이언트 자바스크립트 코드를 약간 수정해야 한다. web/index.html 파일에서 <section> 태그 아래, 첫 번째 <script> 태그 위에 **Save as image** 버튼을 추가한다.

```
<button class="save-as-png" style="display: none;">
  Save as image
</button>
```

마인드 맵이 열리면 이 버튼이 보이게 하고, 처음엔 버튼이 보이지 않게 한다.

web/client.js 안에 버튼이 처리할 내용을 구현해보자.

```
var eb = new vertx.EventBus(window.location.protocol + '//' +
  window.location.hostname + ':' +
  window.location.port + '/eventbus');
eb.onopen = function() {
  var renderListItem = function(mindMap) {
    var li = $('<li>');

    var openMindMap = function() {
      new MindMapEditor(mindMap, eb);
      $('.save-as-png').show();
      return false;
    };

    var deleteMindMap = function() {
      eb.send('mindMaps.delete', {id: mindMap._id}, function() {
        li.remove();
      });
      return false;
    };

    $('<a>').text(mindMap.name).attr('href', '#').on('click',
```

```
    openMindMap).appendTo(li);

  $('<button>').text('Delete').on('click',
    deleteMindMap).appendTo(li);
  li.appendTo('.mind-maps');
};T


$('.create-form').submit(function() {
  var nameInput = $('[name=name]', this);
  eb.send('mindMaps.save', {name: nameInput.val()},
    function(result) {
    renderListItem(result);
    nameInput.val('');
  });
  return false;
});


$('.save-as-png').click(function() {
  var svg = $('.editor').html();
  var stylesheet = document.styleSheets[0];
  var css = '';
  for (var i = 0 ; i < stylesheet.cssRules.length ; i++) {
    css += stylesheet.cssRules[i].cssText;
    css += "\n";
  }
  eb.send('com.vertxbook.svg2png', {svg: svg, css: css},
      function(result) {
    if (result.data) {
      window.location.href =
          'data:image/png;base64,'+result.data;
    }
  });
  return false;
});

eb.send('mindMaps.list', {}, function(res) {
  $.each(res.mindMaps, function() {
```

```
    renderListItem(this);
  })
 })
};
```

여기서 마인드 맵이 열리면 jQuery를 사용해 **Save as image** 버튼을 찾아 보여준다. 이 버튼에 클릭 핸들러를 달아준다.

핸들러는 우선 페이지로부터 편집기를 선택하여, 현재 마인드 맵의 SVG 마크업을 얻어와 jQuery의 `html` 함수를 사용해 그 내용을 읽어온다. 4장에서 작성한 D3 코드에서 마인드 맵 SVG를 포함하는 마크업을 생성한다.

브라우저상에 보이는 것처럼 PNG 파일에서도 같은 모양의 마인드 맵 레이아웃을 만들기 위해 CSS 룰을 가져와야 한다. 브라우저가 제공하는 API가 사용하기 불편하긴 하지만, 이를 통해 CSS 룰에 접근할 수 있다.

마지막으로 이벤트 버스의 com.vertxbook.svg2png 주소에 SVG와 CSS 데이터를 보낸다. 결과를 받으면, 새로 생성된 PNG 이미지 경로를 갖는 데이터 URL로 접속한다. 사용자는 이제 이미지를 볼 수 있게 되었다. 이제 애플리케이션에 완전히 동작하는 이미지 저장 기능을 추가하였다. 브라우저는 현재 마인드 맵의 PNG 파일을 보여줄 것이다. 처음 PNG 트랜스코딩을 할 때는 JVM이 바틱 라이브러리를 로딩하고 초기화하므로 다소 시간이 걸리지만 JVM이 한 번 초기화되면 다음엔 확실히 빨라질 것이다.

다양한 언어 지원

버텍스는 다양한 언어로 되어 있는 플랫폼이다. 이것은 애플리케이션 또는 시스템이 다양한 프로그램 언어를 같이 사용할 수 있도록 기반 구조를 갖추고 있다는 것을 의미한다. 지금까지 살펴본 내용이 다양한 언어 지원에 관한 구성 요소다.

앞의 애플리케이션에서 자바스크립트 코드와 자바 코드를 어떻게 함께 사용했는지 확인해보자. 어디서도 외부 함수 인터페이스 또는 두 언어를 함께 사용하기 위한 랩퍼 코드를 사용한 곳이 없다. 이것은 이벤트 버스가 있기 때문에 가능한 일이다. 모든 버티클 사이의 통신은 이벤트로 처리되며, 비동기로 처리된다. 버티클은 이벤트 버스의 특정 주소로 데이터를 전달하여 통신을 하며, 어떤 다른 함수를 직접 호출하거나 하지 않는다.

특정 버티클이 어떤 특정 언어로 작성되었는지 알 필요가 없다. 이벤트 버스를 통해 통신하기 때문에 사용하는 데는 아무 문제가 없다.

정리

5장에서는 자바 라이브러리를 추가하여, 버텍스 애플리케이션을 확장하는 방법을 살펴봤다. 버텍스는 JVM상에서 구동되기 때문에, 애플리케이션에 무수히 많이 존재하는 어떤 자바 라이브러리도 사용할 수 있다. 이번의 경우 SVG를 PNG로 변환하는 작업이 단순하지 않기 때문에, 이 작업을 위해 아파치 바틱을 사용했다.

이번 장에서 다음 내용을 살펴봤다.

- 프로젝트와 다른 조직들 사이에 코드를 공유할 있는 새로운 버텍스 모듈 정의
- CPU를 많이 사용하거나, 블록킹 IO 연산이 필요한 작업을 위해 워커 버티클 생성
- 자바 버티클 구현

- 버텍스 모듈과 애플리케이션에 자바 라이브러리 추가
- SVG 문서를 PNG 이미지로 변환하기 위해 아파치 바틱 라이브러리 사용

이렇게 애플리케이션 구현에 대해 살펴봤다. 6장에서는 애플리케이션을 서버에 배포해볼 것이다. 또한, 버텍스 애플리케이션 확장과 관련된 이슈에 대해 살펴볼 것이다.

6

버텍스 배포 및 확장

6장에서는 버텍스 웹 애플리케이션을 서버에 배포하고, 인터넷을 통해 접속하는 방법에 대해 다룰 것이다. 또한 새로운 버전의 애플리케이션을 지속해서 배포할 수 있도록 배포 스크립트 역시 작성해볼 것이다.

마지막으로 대용량 트래픽과 데이터를 수용할 수 있도록 버텍스 플랫폼 확장에 관한 기본 개념에 대해 다루어 볼 것이다.

버텍스 애플리케이션 배포

버텍스 애플리케이션을 유닉스나 윈도우 서버에 배포할 수 있는 다양한 방법이 있다. 애플리케이션 배포는 버텍스 설치, HTTP 라우팅, 웹 소켓 트래픽 설정에 비해 그렇게 복잡하지 않다. 하나의 배포 시나리오를 통해 실제로 우분투 리눅스 서버에 배포해보고 잘 동작하는지 확인해볼 것이다.

우분투 설정

베이그런트Vagrant 툴을 사용해 우분투 가상 머신을 설정해볼 것이다. 이 가상 머신은 실제 서버를 시뮬레이션한 것이다. 이미 우분투가 설치되어 있다면(또는 비슷한 리눅스), 바로 사용자 설정 단계로 넘어가도 된다.

 베이그런트(http://www.vagrantup.com/)는 가상머신 관리 툴이다. 많은 사람이 서로 배포 환경을 공유하고 여러 다른 운영체제에서 소프트웨어를 테스트할 수 있기 때문에 배포 환경을 관리하기 위해 이 툴을 많이 사용하고 있다. 이 툴은 리눅스 환경에 버텍스 배포를 연습해볼 수 있는 최적의 툴이다.

http://vagrantup.com 사이트의 다운로드 페이지에 들어가 최신 버전을 선택하여 베이그런트를 설치한다. 여러분의 운영체제에 맞는 패키지를 선택하고, 인스톨러를 실행한다. 설치가 완료되면 다음 명령어가 정상적으로 실행되어야 한다.

vagrant -v

프로젝트의 루트 디렉토리로 이동하여 다음 명령어를 실행해본다.

vagrant init precise64 http://files.vagrantup.com/precise64.box

프로젝트 폴더 안에 Vagrantfile 파일이 생성됐을 것이다. 이 파일은 방금 생성한 가상머신의 설정 정보가 들어 있다. Ubuntu 12.04 Precise Pangolin 64비트 버전의 약칭인 precise64 가상머신을 초기화했다. 파일을 열어 다음 내용을 포함하는 줄을 찾는다.

```
# config.vm.network :private_network, ip: "192.168.33.10"
```

문자를 삭제하여 주석을 푼다. 이것은 가상머신을 위한 사설 네트워크를 활성화시킨다. 편리하게 로컬의 192.168.33.10 주소로 사설 네트워크에 접속할 수 있다. 다음 명령어를 실행하여 가상머신을 다운로드해서 설치하고 실행한다.

```
vagrant up
```

Vagrantfile에 설정된 가상머신을 실행한다. 이 명령어를 처음 실행하면 가상 머신을 다운로드한다. 이 다운로드 과정 때문에 명령어를 실행하는 데 시간이 좀 걸릴 것이다. 명령어가 끝나면 vagrant status 명령어로 가상머신의 상태 확인, vagrant suspend 명령어로 일시 중지, vagrant up 명령어로 재시작, vagrant destroy 명령어로 가상머신을 종료시킬 수 있다.

사용자 설정

애플리케이션 배포를 위해, 애플리케이션 전담 사용자를 설정하는 것이 좋다. 이 사용자의 주 업무는 애플리케이션을 실행하는 것이다. 이를 통해 권한제어와 애플리케이션이 지정된 작업만 할 수 있도록 한다.

셸을 통해 리눅스 가상머신에 접속을 한다. 베이그런트 설정 단계를 거쳤다면, 프로젝트 루트 디렉토리에서 다음 명령어를 실행하여 접속할 수 있어야 한다.

```
vagrant ssh
```

다음 명령어로 새로운 사용자 mindmaps를 추가한다.

```
sudo useradd -d /home/mindmaps -m mindmaps
```

다음 명령어로 위 사용자에 암호를 지정한다(암호는 잃어버리지 않도록 메모해두자).

```
sudo passwd mindmaps
```

서버에 자바 설치

'1장, 버텍스 시작'에서 설명한 대로 리눅스에 자바를 설치한다. 상기해보면, 다음 명령어를 통해 우분투에 자바를 설치할 수 있다.

```
sudo apt-get install openjdk-7-jdk
```

우분트 패키지를 최신 버전으로 설치하려면 패키지 설치 전에 패키지 매니저의 인덱스를 최신으로 갱신하는 것이 좋다. 우분투 가상머신도 똑같다. 자바 설치를 실패했다면 다음 명령어를 실행해보자.

sudo apt-get update

서버에 몽고DB 설치

마인드 맵을 영구적으로 저장하기 위해 서버에 몽고DB를 설치한다. '3장, 데이터베이스 연동'에 설명한 대로 몽고DB를 설치한다.

특권포트[1]

현재 애플리케이션은 8080 포트로 접속할 수 있도록 설정되어 있다. 인터넷에 배포할 때, 사용자가 특정 포트를 알 필요 없이 바로 HTTP 기본 포트인 80 포트로 접속할 수 있도록 애플리케이션을 배포해야 한다.

유닉스(리눅스)의 80 포트는 root 사용자만 접근한 수 있다. 애플리케이션을 root 사용자로 실행하는 것은 좋지 않기 때문에, mindmaps 사용자가 80번 포트로 바인딩할 수 있는 권한을 설정해줘야 한다. authbind 유틸리티를 사용해 이 작업을 할 것이다.

 authbind는 리눅스 유틸리티로 root 권한 없이 프로세스를 특정 포트에 바인딩하는 데 사용한다.

---

1 특권포트(Privileged Port) : 유닉스(리눅스)에서 1024 이하의 서비스 포트를 지칭하는 말로 대부분 지정된 서비스를 제공하기 위하여 사용되는 포트 – 옮긴이

다음 명령어로 패키지 관리자를 사용해 `authbind`를 설치한다.

```
sudo apt-get install authbind
```

다음 명령어로 `authbind` 설정 디렉토리에 파일을 생성하여, 80번 포트로 `mindmaps`가 바인딩할 수 있는 권한을 설정한다.

```
cd /etc/authbind/byport/
sudo touch 80
sudo chown mindmaps:mindmaps 80
sudo chmod 700 80
```

`authbind`가 실행될 때 사용될 포트와 관련된 파일이 있는지, 그리고 현재 사용자가 접근을 할 수 있는지를 이 디렉토리에서 확인을 한다. 이 파일이 방금 생성한 파일이다.

많은 사람이 프론트엔드로 엔진 X(Nginx) 또는 아파치 웹 서버를 선호하며, 직접 인터넷으로 백엔드 서비스를 노출하기를 원하지 않는다. 이것은 버텍스도 마찬가지다. 이럴 경우, authbind 설정 없이 바로 버텍스를 8080 포트에 바로 배포하고 웹 서버에 버텍스 애플리케이션을 위한 리버스 프록시 설정을 해야 한다.

애플리케이션에서 이벤트 버스 브릿지를 사용하고 있으며, 전송 매커니즘으로 HTTP 웹소켓을 사용하고 있다는 점을 명심해야 한다. 이것은 프론트엔드 웹 서버는 웹 소켓 트래픽을 프록시할 수 있어야 한다는 것을 의미한다. 엔진 X 1.3과 아파치 2.4.5부터 이 기능을 지원하고 있다.

서버에 버텍스 설치

다음 명령어를 사용해 가상머신의 셸에서 `mindmaps` 사용자로 전환한다.

```
sudo su - mindmaps
```

'1장, 버텍스 시작'에서 설명한 대로 버텍스를 설치한다. 상기해보면 http://vertx.io에서 최신 배포판을 다운로드하고, 압축을 풀면 된다.

애플리케이션 포트 설정할 수 있도록 하기

잠시 애플리케이션 코드를 살펴보자. 개발 중 8080 포트로 애플리케이션을 실행했지만, 서버상에서는 80 포트로 실행하길 원한다. 이 두 가지 시나리오를 모두 수용하기 위해 환경변수를 사용해 포트를 설정할 수 있다.

버텍스는 컨테이너 API를 통해 버티클에서 환경변수를 사용할 수 있다. 자바스크립트에서 `container.env` 객체로부터 원하는 환경변수를 찾을 수 있다. 실행 시 애플리케이션에 포트를 전달해보자. 배포 버티클 app.js에서 다음 행을 찾는다.

```
port: 8080,
```

다음 행으로 변경을 한다.

```
port: parseInt(container.env.get('MINDMAPS_PORT')) || 8080,
```

위 내용은 `MINDMAPS_PORT` 환경변수를 얻어오고, 표준 자바스크립트 함수 `parseInt`를 사용해 문자열을 정수형으로 변환한다. 포트가 없다면 기본 포트 8080을 사용한다.

웹 서버의 호스트 설정 역시 변경해야 한다. 지금까지는 `localhost`에 바인딩했지만, 이제는 서버 외부에서 애플리케이션에 접근할 수 있어야 한다. app.js에서 다음 행을 찾는다.

```
host: "localhost",
```

다음과 같이 변경한다.

```
host: "0.0.0.0",
```

0.0.0.0 호스트를 사용해 서버가 가진 모든 IPv4 네트워크 인터페이스에 바인딩될 수 있도록 한다.

서버에 애플리케이션 설정

애플리케이션 코드를 서버에 올리거나, 새로 개발된 버전으로 갱신할 방법이 필요하다. 가장 간편한 방법으로 애플리케이션 파일을 rsync 툴을 사용해 전송하는 것이다. 우리는 이 방법을 사용할 것이다.

 rsync는 유닉스 툴로 파일을 전송하는 데 가장 널리 사용되고 있다. 변경된 부분만 복사하는 일반 파일 복사와 양방향 파일 동기화 같은 유용한 기능이 있다.

다음 명령어를 사용해서 mindmaps 사용자의 홈 디렉토리에 애플리케이션을 위한 디렉토리를 생성한다.

```
mkdir ~/app
```

다시 루트 디렉토리로 돌아와 방금 생성한 원격 디렉토리로 파일을 전송한다.

```
rsync -rtzv  . mindmaps@192.168.33.10:~/app
```

설정 테스트

rsync을 사용해 파일을 전송했으므로 이제 원격 서버의 애플리케이션 디렉토리 안에 프로젝트 워킹 디렉토리가 있어야 한다. 또한, JDK, 버텍스, 몽고DB를 설치했고 authbind 설치 및 설정을 완료했기 때문에 가상머신상에서 애플리케이션을 실행할 수 있는 상태가 되었다.

다음 명령어를 실행하여 애플리케이션을 실행해보자.

```
cd ~/app
JAVA_OPTS="-Djava.net.preferIPv4Stack=true" MINDMAPS_PORT=80 authbind ~/
vert.x-2.0.1-final/bin/vertx run app.js
```

위 명령어를 하나씩 살펴보자.

- JAVA_OPTS 환경변수를 사용해 자바 시스템 매개변수 java.net.prefer IPv4Stack을 전달한다. 자바가 IPv4 네트워크만 사용하도록 true로 설정한다. authbind 유틸은 IPv4만 지원하기 때문에 이 설정이 필요하다.

- MINDMAPS_PORT 환경변수를 사용해 80번 포트를 사용하겠다고 애플리케이션에 명시적으로 알린다.

- authbind 명령어로 버텍스 명령어를 감싼다.

- 마지막으로, 버텍스 호출만 남았다. 버텍스 실행 경로를 버텍스를 설치한 경로로 변경한다.

애플리케이션 실행 후, 브라우저를 통해 http://192.168.33.10으로 접속할 수 있어야 한다.

업스타트 서비스 설정

애플리케이션의 모든 기능을 구현했지만, 아직은 애플리케이션을 수동으로 실행시켜야 하는 불편함이 있고, 정확히 실행됐는지 보장할 수 없다. 다음 작업은 애플리케이션이 항상 실행되고, 서버가 재시작되더라도 애플리케이션을 자동으로 실행시킬 수 있도록 우분투 업스타트 잡을 설정하는 것이다

 업스타트는 머신이 시작, 중지 또는 어떤 이벤트가 발생할 경우, 태스크를 감시하고 자동으로 시작 및 중지시키는 우분투 유틸리티다. /sbin/init 데몬과 유사하지만, 이에 비해 설정하기 더 쉬우므로 우리는 이 유틸리티를 사용할 것이다.

우선 업스타트 설정 파일을 설정할 것이다. 루트 권한으로(sudo 사용) 편집기를 통해 새로운 파일 /etc/init/mindmaps.conf를 열고, 다음 내용을 추가한다.

```
start on runlevel [2345]
stop on runlevel [016]
```

```
setuid mindmaps
setgid mindmaps

env JAVA_OPTS="-Djava.net.preferIPv4Stack=true"
env MINDMAPS_PORT=80

chdir /home/mindmaps/app
exec authbind /home/mindmaps/vert.x-2.0.1-final/bin/vertx run app.js
```

위 설정 내용을 하나씩 살펴보자.

- 처음 두 줄은 서비스가 시작 및 중지될 시점을 설정한다. 각 OS별 상태를 나타내는 아이디 값인 runlevels를 정의한다(http://en.wikipedia.org/wiki/Runlevel). 시스템이 구동 중인 상태일 경우는 runlevel을 2, 3, 4, 5로 지정하며, 시스템이 중지 또는 재시작일 경우는 runlevel을 0, 1, 6으로 지정한다.

- 서비스가 실행될 사용자 및 그룹 권한은 mindmaps로 설정한다.

- 서비스를 테스트할 때 사용했던 두 가지 환경변수를 설정한다. IPv4만을 사용하도록 JAVA_OPTS 환경변수를 설정하고, 애플리케이션이 80번 포트로 바인딩하도록 MINDMAPS_PORT을 설정한다.

- chdir을 사용해 현재 애플리케이션이 있는 경로로 서버스 실행 디렉토리를 변경한다.

- 마지막으로, 서비스 실행 명령어를 정의한다. authbind 명령어로 감싼 vertx 명령어다. 버텍스 바이너리가 버텍스가 설치된 디렉토리에 꼭 있어야 한다.

이 작업을 관리하기 위해 mindmaps 사용자에 권한을 부여하여, 항상 루트 권한으로 실행할 필요가 없도록 한다. 다음 명령어로 /etc/sudoers 파일을 편집기로 연다.

```
sudo /usr/sbin/visudo
```

파일 마지막 부분에 다음 내용을 추가한다.

```
mindmaps ALL = (root) NOPASSWD: /sbin/start mindmaps, /sbin/stop
mindmaps, /sbin/restart mindmaps, /sbin/status mindmaps
```

visudo 명령어는 sudo 명령어를 사용하는 사용자의 특권을 설정하는 데 사용한다. 방금 추가한 내용을 보면, mindmaps 사용자가 비밀번호를 입력할 필요없이 특정 명령어를 실행시킬 수 있도록 했다.

이제, mindmaps 사용자로, 애플리케이션을 시작, 중지할 수 있어야 한다.

```
sudo start mindmaps
```

서비스를 관리하기 위해 다음 명령어를 실행해야 한다.

```
sudo status mindmaps
sudo restart mindmaps
sudo stop mindmaps
```

 이 명령어를 실행하는 데 문제가 있다면, 설정이 잘못됐을 수 있다. 업스타트 서비스는 /var/log/upstart/mindmaps.log에 에러를 로깅한다. sudo 명령어를 사용해 이 로그 파일을 열어 확인해보자.

새 버전 배포

다음 두 단계로 새로운 애플리케이션을 배포한다.

1. rsync를 사용해 새로운 파일을 전송한다.

2. 마인드 맵 서비스를 재시작한다.

위 두 단계를 셸 스크립트로 작성하여 좀 더 간편하게 처리할 수 있다. 프로젝트의 루트 디렉토리에 deploy.sh 파일을 생성하고 이 파일에 다음 내용을 추가한다.

```
#!/bin/sh
rsync -rtzv . mindmaps@192.168.33.10:~/app/
ssh mindmaps@192.168.33.10 sudo restart mindmaps
```

다음 명령어로 실행 가능한 스크립트로 변경한다.

chmod +x deploy.sh

이제, 서버에 새로운 버전을 적용해야 할 때마다 다음 명령어를 실행하면 된다.

./deploy.sh

 배포를 좀 더 쉽게 하기 위해, 여러분이 배포하는 mindmaps 사용자의 비밀번호 입력 없이 SSH 공개 키 인증을 설정할 수 있다. https://help.ubuntu.com/ community/SSH/OpenSSH/Keys에서 상세한 내용을 확인할 수 있다.

버텍스 애플리케이션 확장

버텍스는 매우 효율적인 프레임워크이며, 코드의 비동기적인 특성 때문에 성능의 병목 구간은 데이터베이스 또는 의존하는 다른 시스템에서 발생할 확률이 크다. 버텍스를 확장해야 할 경우, 다음 기술을 사용할 수 있다.

버티클 개수

'5장, 다양한 언어 지원과 모듈 개발'에서 svg2png 워커 버티클을 배포할 때 3개의 버티클 인스턴스를 배포했다. 전통적인 시스템에서 작업 처리를 위해 3개 병렬 워커 스레드를 설정하는 것과 유사하다. 최대 같은 작업 3개 인스턴스를 병렬로 실행할 수 있다는 것을 의미한다.

워커 버티클이 아닌 버티클에도 같은 확장 기술을 적용할 수 있다. 어떤 버티클이든 배포 시점에 인스턴스의 개수를 지정할 수 있다. 그런데 비워커 버티클 인스턴스를 너무 적게 가져가도 보통 병목 현상이 발생하지는 않는다. 거의 모든 버텍스 코드가 비동기이기 때문에 버티클은 일반적으로 대부분의 시간을 아무 작업을 하지 않으며 시간을 보내고, 대신 네트워크 요청, 데이터베이스 응답, 파일 시스템으로부터 수신 데이터 또는 다른 IO 연산을 기다리느라 시간을 소비한다.

버티클이 이런 작업에 대부분 시간을 소비하지 않는다면, 실제로 워커 버티클 후보가 될 가능성이 크다. 버티클의 개수를 확장할 필요가 있다면, 배포 시점에 확장할 수 있다.

예를 들어, 배포 버티클에서 다음 인스턴스를 배포할 수 있다.

- 2개의 웹 서버
- 2개의 몽고 퍼시스터
- 3개의 마인드 맵 버티클
- 3개의 마인드 맵 편집기
- 10개의 svg2png 워커

위에서 언급한 리스트는 app.js에서 다음과 같다.

```
var container = require("vertx/container");
container.deployModule("io.vertx~mod-web-server~2.0.0-final", {
  port: parseInt(container.env.get('MINDMAPS_PORT')) || 8080,
  bridge: true,
  inbound_permitted: [
    { address: 'mindMaps.list' },
    { address: 'mindMaps.save' },
    { address: 'mindMaps.delete' },
    { address_re: 'mindMaps\\.editor\\..+' },
    { address: 'com.vertxbook.svg2png' }
  ],
```

```
    outbound_permitted: [
      { address_re: 'mindMaps\\.events\\..+' }
    ]
}, 2);
container.deployModule("io.vertx~mod-mongo-persistor~2.0.0-final", {
    address: "mindMaps.persistor",
    db_name: "mind_maps"
}, 2);
container.deployVerticle('mindmaps.js', null, 3);
container.deployVerticle('mindmap_editor.js', null, 3);
container.deployModule('com.vertxbook~mod-svg2png~1.0', null, 10);
```

 웹 서버 또는 이벤트 핸들러가 다중 인스턴스로 구성될 경우 무슨 일이 일어나지는 않을까 의문을 가질 수 있다. 요청 및 이벤트는 어떻게 배포되는 것일까? 이 경우, 라운드 로빈 방식으로 요청과 이벤트를 배포하기 위해 내부 로드 밸런서를 사용한다. 웹 서버의 경우(그리고 다른 네트워크 서버), 실제 서버는 하나의 인스턴스만 초기화되고, 수신 및 요청 이벤트를 처리하는 핸들러 코드를 위해 로드 밸런싱이 일어난다.

메모리

실행된 버티클이 많거나, 그 안에서 큰 인 메모리 데이터 구조를 처리 중이라면 곧 자바 가상머신에 의해 메모리 제한에 걸리게 될 것이다. 일반적인 자바 애플리케이션에서 해오던 방식인 JVM 명령행 인자를 사용해 JVM 메모리 설정과 다른 JVM 런타임 설정을 변경할 수 있다(상세 내용은 http://docs.oracle.com/javase/7/docs/technotes/tools/windows/ java.html 참고).

실행 시 버텍스 명령어는 JAVA_OPTS 환경변수에 있는 어떤 값이든 사용할 수 있으며, 자바에서 명령행 인자로 설정했던 방식 그대로 사용할 수 있다. 예를 들어, 최소 힙 크기를 512메가바이트, 최대 힙 크기를 2기가바이트로 확장하고 싶다면, 다음 명령어를 사용해 메모리 관련 환경변수를 갖고 버텍스를 실행할 수 있다.

```
JAVA_OPTS="-Xms512M -Xmx2G" vertx run app.js
```

이번 장 초기에 설정했던 운영환경 배포 시나리오에서, 환경변수에 다음을 추가함으로 메모리 관련 환경변수를 사용할 수 있다. 이전에 생성한 /etc/init/mindmaps.conf 업스타트 설정 파일에 다음 내용을 추가한다.

```
start on runlevel [2345]
stop on runlevel [016]

setuid mindmaps
setgid mindmaps

env JAVA_OPTS="-Djava.net.preferIPv4Stack=true -Xms512M -Xmx2G"
env MINDMAPS_PORT=80

chdir /home/mindmaps/app
exec authbind /home/mindmaps/vert.x-2.0.1-final/bin/vertx run app.js
```


버텍스 클러스터링

클러스터 환경에서 버텍스를 실행할 수 있다. 즉, 시스템을 여러 서버에 배포할 수 있다는 것을 의미한다. 일반적인 논리 이벤트 버스를 사용해 독립적인 버텍스 인스턴스를 연결하여 클러스터링을 구성한다. 예를 들어, 1번 서버에 버티클 A와 B가 구동 중이고, 2번 서버에 버티클 C와 D가 구동 중일 때, 이 모든 버티클이 같은 버텍스 인스턴스상에 있는 것처럼 이벤트 서버를 통해 버티클들이 협업을 할 수 있다. 클러스터는 동적으로 확장 또는 축소할 수 있다. 버티클과 버텍스 인스턴스는 생명주기동안 클러스터에 참여하거나 떠날 수 있다.

논리 이벤트 버스는 헤이즐캐스트Hazelcast 데이터 그리드를 통해 버텍스 인스턴스를 함께 연결하여 구성된다.

헤이즐캐스트(http://www.hazelcast.com/)는 자바로 된 오픈소스 클러스터링 툴로 분산 맵, 셋, 큐, 동적 클러스터 탐색, 동적 확장과 같은 기능이 있다. 버텍스는 헤이즐캐스트를 포함하고 있어 헤이즐캐스트를 위한 추가적인 소프트웨어 설치는 필요 없다.

클러스터 모드로 실행 중일 때, 각 버텍스 인스턴스는 헤이즐캐스트 인스턴스도 함께 실행한다. 헤이즐캐스트 인스턴스가 서로 연결될 때 버텍스 클러스터가 구성된다. 버텍스 이벤트 버스상의 이벤트는 헤이즐캐스트 큐에 배포된다.

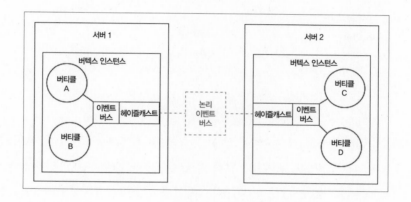

버텍스 클러스터를 구성하는 구체적인 방법은 이 책의 범위를 벗어나는 내용이라 상세히 다루지는 않지만, 동작 방식을 설명하기 위해 간단한 예제를 살펴보도록 하자. 현재 애플리케이션의 svg2png 모듈을 다른 버텍스 인스턴스로 이동시켜볼 것이다. 이것은 코드의 나머지 부분에 비해 꽤 무겁고 마인드 맵 애플리케이션뿐만 아니라 다른 애플리케이션에서도 사용할 수 있기 때문에 해볼만한 시나리오다.

이번 예제에서는, 편의를 위해 두 개의 버텍스 인스턴스를 같은 머신에서 실행하지만, 버텍스 클러스터링이나 헤이즐캐스트가 하나의 머신에서만 클러스터링을 구성할 수 있는 것은 아니다. 만약 그렇다면 그것은 제대로 된 클러스터링이 아닐 것이다.

버텍스 설치 디렉토리에서(로컬 머신 또는 가상 머신) conf/cluster.xml 파일을 찾는다. 이 파일에서 <join> 태그를 찾아 다음과 같이 수정을 한다.

```xml
<join>
  <multicast enabled="false">
    <multicast-group>224.2.2.3</multicast-group>
    <multicast-port>54327</multicast-port>
  </multicast>
  <tcp-ip enabled="true">
    <interface>127.0.0.1</interface>
  </tcp-ip>
  <aws enabled="false">
    <access-key>my-access-key</access-key>
    <secret-key>my-secret-key</secret-key>
    <region>us-east-1</region>
  </aws>
</join>
```

이 예제는 멀티캐스트 설정이 필요 없기 때문에 멀티캐스트 탐색 모드를 비활성화했다. 대신, TCP-IP 기반 탐색을 활성화하고, 네트워크 인터페이스를 127.0.0.1(localhost)로 변경했다. 이것은 헤이즐캐스트의 각 피어가 localhost 네트워크 인터페이스상의 피어를 찾도록 한다. 버텍스 설치 디렉토리에서 conf/logging.properties를 찾는다. 이 파일은 버텍스 로거 설정 파일이다. 파일에서 다음 내용을 찾아 com.hazelcast의 로그 수준을 다음과 같이 변경한다.

```
com.hazelcast.level=INFO
```

이렇게 변경하여 클러스터 모드가 활성화될 때 버텍스가 어떤 작업을 하는지 볼 수 있도록 한다. 별도로 설정을 하지 않으면 기본적으로 에러 로그만 출력하게 되어있다. 애플리케이션 루트 디렉토리로 이동하여, 클러스터 모드를 활성화한 상태에서 svg2png를 실행한다.

```
vertx runmod com.vertxbook~mod-svg2png~1.0 -cluster
```

클러스터 정보 일부를 출력하게 되며, 그 외 특별한 정보 출력 없이 구동 상태를 유지할 것이다. 현재 모듈이 구동 중이긴 하지만, 버텍스 인스턴스의 이벤트 버스와 아직 연결되어 있지 않기 때문에 아직 외부와 통신할 수 있는 상태는 아니다.

다음과 같이 app.js에서 svg2png 모듈 배포 부분을 주석 처리하거나 삭제한다.

```
//container.deployModule('com.vertxbook~mod-svg2png~1.0', null, 10);
```

이렇게 하는 이유는 일반적인 다른 애플리케이션에서 이 모듈을 실행할 수 없도록 하기 위해서다. 대신에 다른 버텍스 인스턴스에서 이 모듈과 연결되기를 원한다. 다음 명령어를 통해 클러스터 모드를 활성화한 상태에서 애플리케이션을 실행한다.

```
vertx run app.js -cluster
```

이 명령어 또한 현재 클러스터에 두 멤버가 있다는 정보와 함께 클러스터링 정보 일부를 화면에 출력한다.

이전에 애플리케이션을 테스트했던 것처럼 정상적으로 동작해야 한다. 약간 차이점이 있다면, 같은 머신에 있지만 SVG를 PNG로 변환하는 작업은 나머지 애플리케이션과 별도의 다른 버텍스 인스턴스, JVM에서 실행한다는 점이다. 이 모델을 많은 다른 서버를 거쳐 애플리케이션 컴포넌트를 배포하도록 확장하는 것은 어렵지 않다.

정리

이제 애플리케이션이 완성되었고, 누구든 사용할 수 있도록 배포했다. 버텍스를 사용해 기본적인 실시간 웹 애플리케이션을 만들어봤다.

6장에서는 다음과 같은 내용을 다뤘다.

- 버텍스 운영 배포를 위한 리눅스 서버 설정
- rsync를 사용해 버텍스 애플리케이션 배포 설정
- 업스타트를 사용해 버텍스 프로세스 시작 및 감시
- 버티클 개수를 늘려, 버텍스 애플리케이션의 병렬 프로세스 개수 확장하기
- 버텍스 애플리케이션에 추가 메모리 설정 및 다른 JVM 명령행 인자 사용하기
- 클러스터링을 사용해 다중 서버로 버텍스 확장하기

찾아보기

acorn+PACKT Technical Book 시리즈

에이콘출판의 기틀을 마련하신 故 정완재 선생님 (1935-2004)

Vert.x로 하는 실시간 웹 애플리케이션 개발

강력한 비동기 서버 프레임워크 버텍스 2.0

인 쇄 | 2014년 9월 18일
발 행 | 2014년 9월 26일

지은이 | 테로 파비아이넨
옮긴이 | 허태명 · 신정안

펴낸이 | 권 성 준
엮은이 | 김 희 정
　　　　안 윤 경
　　　　권 보 라
표지 디자인 | 한국어판_최광숙
본문 디자인 | 최 광 숙

인 쇄 | 한일미디어
용 지 | 한신P&L(주)

에이콘출판주식회사
경기도 의왕시 계원대학로 38 (내손동 757-3) (437-836)
전화 02-2653-7600, 팩스 02-2653-0433
www.acornpub.co.kr / editor@acornpub.co.kr

Copyright ⓒ 에이콘출판주식회사, 2014, Printed in Korea.
ISBN 978-89-6077-606-7
ISBN 978-89-6077-210-6 (세트)
http://www.acornpub.co.kr/book/vertx

이 도서의 국립중앙도서관 출판시도서목록(CIP)은 서지정보유통지원시스템 홈페이지(http://seoji.nl.go.kr)와
국가자료공동목록시스템(http://www.nl.go.kr/kolisnet)에서 이용하실 수 있습니다.(CIP제어번호: CIP2014026931)

책값은 뒤표지에 있습니다.